Illustrations de :

Kerstin Buisson
Michèle Danon-Marcho
Jean Giannini
Monique Gorde
Valisa

Couverture de :

Monique Gorde

Textes de :

Evelyne d'Albepierre
Janine Ancelet
Vanna Bristot
Anne Cullier
François Dorigny
Raymonde Durand
Claude Lanssade
Jean-Paul Lardy
Claire Laury
Gilberte Millour
Aline Ortholan
Elisa Pirola
Frédérique Sauvage
Claude Vaurabourg

365
RÊVES D'OR

Éditions Lito

1er janvier

le jardin enchanté

Trois petites fées vivent dans un jardin enchanté où elles cultivent des fleurs merveilleuses et apprivoisent des animaux sauvages.

Le premier janvier, elles s'envolent pour aller offrir leurs bons vœux à tous les petits enfants du pays. Mais, souvent, le temps est si maussade que les enfants n'ont pas même envie de sourire. Alors, d'un coup d'aile, les fées les emmènent au cœur de leur jardin.

Un grand cygne blanc invite les visiteurs à grimper sur son dos et les conduit au fil de l'eau dans une île ensoleillée où, malgré le rude hiver, des fleurs s'épanouissent dans la neige.

Un éléphant se dandine sur une corde raide en agitant une ombrelle, une girafe se prélasse sur une balançoire, un ours joue du tambour. Plus loin, des singes leur envoient des baisers affectueux, des oiseaux chantent en leur honneur, d'autres animaux accourent de partout pour leur souhaiter la « Bonne Année ».

Les petits enfants font, pour l'année entière, provision de joie et de bonne humeur.

2 janvier

un chat pêcheur de lune

Par cette nuit glaciale de janvier, le bassin des poissons rouges est transformé en patinoire.

La lune toute ronde et toute jaune s'y reflète.

On dirait une galette de miel.

— Miam ! se dit Loustic, le chat de gouttière, qui erre un peu à l'aventure sans jamais trouver de foyer.

Il avance sur l'étendue glacée. Que c'est froid ! Aïe ! Mes pattes sont gelées !

Loustic miaule... Il glisse, il ne peut manger la galette tentante. Il s'est rendu compte que c'était la lune...

Que faire ! Il miaule si fort et de façon si désespérée que Fabrice, le jardinier, s'éveille.

Vite, il saute de son lit, et court jusqu'au bassin des poissons.

Il prend le malheureux chat, l'emmène chez lui et lui donne à boire du lait bien chaud.

Loustic, ravi, décide de rester désormais dans cette maison, et il s'endort, dans les couvertures, aux pieds de Fabrice.

— Rrron ! rrron ! fait-il en rêvant.

Plus jamais Loustic ne sera un chat de gouttière. Il a trouvé une bonne maison.

3 janvier

un petit mouton

Au fond du vallon,
Un petit mouton,
Broutait le gazon,
Dondaine et dondon.
Un grand méchant loup,
Caché sous le houx,
Lui cria : hou ! hou !
Le croqua d'un coup !

4 janvier

Martine est cuisinière

Par ce jour froid de janvier, Martine s'ennuie un peu.

Elle est allée dans le jardin. Il gèle.

— Que faire? se demande la petite fille.

Lapin Roux, son ami, lui suggère de préparer la soupe.

— Bonne idée! s'exclame Martine.

Elle épluche des pommes de terre, des carottes et des poireaux.

Dans un grand récipient, elle a fait bouillir de l'eau.

Elle met du sel, elle ajoute les légumes bien lavés et bien coupés...

Bientôt, une bonne odeur se répand dans la cuisine...

Minou ronronne de plaisir. Lapin Roux félicite Martine.

La plus agréablement surprise, c'est maman.

— Bravo, dit-elle à sa fille, tu es une parfaite cuisinière. Désormais tu feras toutes les soupes de légumes.

Martine est très contente...

5 janvier

la légende de l'escargot

En ce temps-là, notre planète n'était habitée que par les animaux. Tous, heureux dans les forêts profondes, subissaient sans se plaindre le caprice des saisons. Seule, une humble colonie de limaces se plaignait amèrement.

— C'en est assez, décida le roi des limaçons. Le froid ride notre peau et point de nid pour nous protéger. Je vais trouver notre créateur.

Ce dernier, ce jour-là, façonnait des coquillages, polissant la nacre, plantant le corail.

Il écouta avec bonté la supplique du limaçon.

— J'ai là une coquille légère à souhait qui conviendra à merveille. Chacun de tes sujets la transportera aisément sur son dos, et vous pourrez vous y réfugier si le danger ou le froid menace.

Le menu peuple des limaces accueillit avec joie la bonne nouvelle, et c'est ainsi que naquit l'escargot.

6 janvier

la fête des rois

Un lapereau désobéissant s'est échappé dans le grand bois.

Il court sous les fougères rousses. Il folâtre sur les feuilles mortes. Il joue à cache-cache dans les buissons, avec les écureuils et les geais. Il danse avec les belettes.

Et puis, après cette journée merveilleuse, le soir vient et la forêt s'assombrit.

— Rentrons chez nous, disent les écureuils.

Resté seul, le lapereau saute pour attraper les plumes blanches si légères qui tombent du ciel. Et, peu à peu, la neige recouvre toute la forêt d'un joli tapis blanc où le lapereau laisse les traces de ses pattes : un petit trou rond par-ci... un petit trou rond par-là...

Puis, la nuit endort la forêt, et le lapereau se blottit sous un buisson de ronce, pelotonné dans sa fourrure brune.

Là-haut, dans le ciel clair, les étoiles continuent leur long voyage étincelant.

Or, ce soir-là, c'est le six janvier, la fête des rois.

7 janvier

la poupée

Il gèle dehors, et Sylvie reste à la maison. A Noël on lui a offert une magnifique poupée aux yeux bleus, presque aussi grande qu'elle. Elle l'a appelée Anna, et depuis un mois, Sylvie ne se sépare jamais de son nouveau jouet.

Nounours, dans son coin, semble bien triste...

Sylvie n'a pas été sage et a reçu de papa une fessée magistrale. Oubliant sa nouvelle et trop belle amie, elle retrouve Nounours. C'est en le serrant dans ses bras qu'elle oublie sa peine... Il a repris sa place dans le cœur de Sylvie.

8 janvier

chut ! c'est un secret

— Viens près de moi, Linou-Linette, dit maman, je te dirai un secret.

— Qu'est-ce que c'est un secret?

— Une chose qu'on ne dit à personne.

— Alors, dis-le vite, reprend Linou.

— Tu auras bientôt un petit frère ou une petite sœur.

— Oh! s'écrie Linou-Linette, je veux les deux!

— Papa, je vais te dire un secret.

— Quel secret, Linou-Linette?

— J'aurai bientôt un petit frère, chut!

— Grand-père et grand-mère, je vais vous dire un secret.

— Tu connais un secret, mon petit?

— J'aurai bientôt une petite sœur, chut!

— Tante Virginie, je vais te dire un secret.

— Lequel, ma grenouille verte?

— J'aurai bientôt un petit frère et une petite sœur, chut!

9 janvier

Tom et le zèbre

Parmi tous les animaux de la ferme de Tom, vit un zèbre.

L'enfant et l'animal font parfois de longues promenades dans la steppe africaine... L'un et l'autre sont de très grands amis...

Un jour, le père de Tom lui offre un joli poney. Tom est ravi! Le petit zèbre est malheureux. Il pleure à gros sanglots.

Le taureau promet de l'aider.

Tom arrive avec son poney.

Le taureau fonce sur l'enfant, le fait culbuter dans l'herbe.

Tom ahuri, comprend qu'il n'a pas été gentil avec le zèbre.

Il lui demande pardon.

Le zèbre est très content.

10 janvier

la ballade

Rataplan! Rataplan!
Ah! je suis bien content,
Car j'ai trois grands châteaux,
Et puis trois gros bateaux,
Aussi trois fiers chevaux.

Rataplan! Rataplan!
Ah! je suis bien content,
Car j'aime ma famille :
Mes belles et bonnes filles
Et mes garçons gentils.

Rataplan! Rataplan!
Ah! je suis bien content,
Car j'ai maints chers amis
Et suis l'heureux mari
D'une reine jolie.

Rataplan! Rataplan!
Ah! je suis bien content,
Car j'ai trois grands châteaux,
Et puis, etc.

11 janvier

la patinoire

Ce matin, au réveil, Claudine aperçoit l'étang gelé.

Elle met ses patins à glace et va patiner.

Des canards et des sarcelles la suivent.

Minet miaule. Il veut patiner, lui aussi, mais il redoute le froid.

Claudine le prend dans ses bras.

Comme on s'amuse!

— Me voilà, dit Cochonou, le petit cochon rose, favori de Claudine.

Il veut faire du patinage et tombe sur la glace.

Claudine rit.

Elle lâche Minet, prend le cochon dans ses petits bras, et patine.

A midi tout le monde a faim.

— Au revoir! dit Claudine.

Les canards cancanent.

12 janvier

un vilain cochon

Un vilain cochon glouton,
Tout grognon,
A fait un plongeon,
Dans un grand chaudron,
Plein de vieux trognons...

13 janvier

un mariage réussi

Un grand événement se prépare chez monsieur Pingouin : sa jolie fille Hortense se marie demain, et monsieur Pingouin a exigé de voir tous les messieurs en smoking pour la cérémonie.

— Ce genre de costume est très élégant, mais où faire faire ce vêtement? se demande-t-il.

Quant aux invités, ils se précipitent tous chez le même tailleur.

— C'est très urgent, monsieur le tailleur. Il nous faut dix-huit costumes pour la cérémonie de demain.

— Mais c'est impossible! répond le tailleur, affolé, je ne pourrai jamais... qui serait assez habile pour me faire cela en une nuit?

Quelle consternation! Comment résoudre ce grave problème? Hortense pleure et monsieur Pingouin ne sait que faire pour la consoler.

On réunit un conseil de famille pour en discuter, mais on ne trouve aucune solution.

C'est alors qu'on entend un éclat de rire sonore venant du fond du salon. C'est grand-mère Pingouin qui rit de bon cœur.

— Mais enfin, dit-elle, regardez-vous tous dans une glace et vous aurez la solution : la nature ne nous a-t-elle pas donné le plus bel "habit" du monde?

Toute la famille se met à éclater de rire, car en effet les habits sont tout trouvés.

Ce fut un très beau mariage et, le long du cortège, toute la ville admira les élégants costumes des pingouins.

14 janvier

Romarin

Les petits enfants du bûcheron, traversant la forêt, rentrent chez eux. Ils marchent en chantant sur la neige que la lune bleuit. Chaque enfant porte des galettes et des présents pour ceux qu'il aime.

— Moi, je n'ai rien, dit Romarin. Qu'est-ce que j'offrirai ?

Comme il est un peu triste parce qu'il a les mains vides, Romarin marche le dernier. Il regarde autour de lui : rien, plus un champignon, plus de mûres sur les ronces... Alors, il cueille la neige à pleines mains et lance des boules dans la forêt.

Ses frères et sœurs sont déjà loin. Ils se retournent et appellent :

— Romarin ! Romarin ! Dépêche-toi ! Romarin ! Voyons !

Mais Romarin s'amuse bien. Tiens ! qu'a-t-il vu ?

— Oh ! qu'est-ce que c'est ? dit-il en avançant sur la pointe des pieds.

Il se baisse, s'accroupit, caresse le lapereau, l'attrape dans ses bras, le serre contre sa poitrine :

— Lapereau ! lapereau ! tu es beau ! dit-il en repartant.

Et voici pourquoi la grand-mère, assise au coin de la cheminée, a vu entrer Romarin, tout rouge et tout essoufflé, l'air joyeux, tenant un lapereau dans ses bras, et criant :

— J'ai trouvé ton cadeau, grand-mère, j'ai trouvé le plus beau cadeau !

15 janvier

Babette et la danse

Une deux, trois quatre,
Comme les petits rats de l'Opéra,
On lève la jambe, comme ça !

Mais, dans un miroir
On aimerait bien se voir.
Dans la chambre de maman,
Babette, aussitôt, se rend.

— La glace de l'armoire est grande,
Je m'y verrai en entier.

Une deux, une deux,
C'est beaucoup mieux.
Une deux, trois quatre,
Sur les pointes maintenant.
Oh ! Ç'est ravissant !

Plouf ! Patatras !
Dans le tapis, le pied s'est pris,
La danseuse tombe avec un petit cri.
Babette jamais ne sera petit rat
[de l'Opéra.

16 janvier

le père Lustucru

— Qui a semé des miettes de pain?

— C'est un vieux bonhomme tout barbu, tout poilu : le père Lustucru.

Un matin glacé d'hiver, Carine dit :

— Il n'y a plus de miettes de pain, le père Lustucru ne s'est pas réveillé.

Les enfants appellent :

— Père Lustucru! Où es-tu?

Le père Lustucru ne répond pas. Pierre entre chez le père Lustucru. Il est si barbu, si poilu, qu'il a du mal à le reconnaître.

— Vous êtes malade, père Lustucru. On va vous guérir.

Carine apporte du bouillon chaud, Anne de la tisane et Pierre des pommes cuites.

Au printemps, le bonhomme ravigoté dit :

— Faites chacun votre petit jardin devant ma porte.

— Oh! merci, père Lustucru!

17 janvier

Ouna et le chien

Ouna vivait avec ses parents esquimaux sur une banquise immense, blanche et glacée.

Elle s'ennuyait souvent, le soir, dans son igloo, sans amis pour jouer avec elle. Son seul compagnon était un pingouin que son papa avait réussi à apprivoiser.

Ouna passait de longs moments à jouer avec lui, dehors, lorsque le temps le permettait.

Par un matin très ensoleillé, elle vit son ami qui l'attendait : il poussait de petits cris brefs et marchait devant elle, comme pour lui montrer le chemin. Elle le suivit, très intriguée, oubliant la promesse qu'elle avait faite à ses parents de ne pas s'éloigner de l'igloo.

Ils marchèrent longtemps sur le sol glacé. Enfin, ils arrivèrent à un endroit très plat et neigeux. Il y avait au milieu comme un énorme oiseau gris et brillant. Des hommes allaient et venaient autour de cet oiseau bizarre.

Ce n'était que l'avion d'une expédition polaire venue dans cet endroit installer un campement. Lorsque les aviateurs virent cette petite fille et son pingouin, intrigué, l'un d'eux vint vers elle, la prit par la main, et l'entraîna vers l'avion.

A cet instant, une dizaine de petits chiens de traîneaux au poil touffu et doux sortirent d'une grande caisse. L'un d'eux se mit à courir vers Ouna. Elle le prit dans ses bras.

— Je voudrais bien te garder, dit-elle, tu serais mon ami. Puis, comme elle le posait par terre, un des hommes s'approcha d'elle et lui dit :

— Tiens, prends-le, je te le donne, il s'appelle Poum.

Le cœur plein de joie, Ouna partit en courant, portant dans ses bras son ami Poum qui jappait de plaisir : que de joies lui promettait ce petit ami !

18 janvier

Choupinette

— Je dois rester allongée toute la semaine, ma Choupinette, dit maman. Tu seras gentille.

— Oh! oui, maman, je ferai la cuisine!

Choupinette embrasse maman et court dans la cuisine. Choupinette est ravie.

Elle pèle de grosses pommes de terre.

— Bravo, dit papa, quel beau plat de frites dorées à point!

— Nous avons une bonne petite cuisinière!

Choupinette est rose de plaisir.

Papa goûte une frite. Maman goûte une frite. Ils se regardent, se taisent et essuient une à une les frites avec leur pain.

— Oh! s'écrie Choupinette désolée, j'ai mis du sucre en poudre.

— C'est une nouvelle mode, dit papa en riant. Tu as lancé un plat : les « frites Choupinette »!

19 janvier

Martin aux sports d'hiver

Il y avait une fois un joli petit âne roux, au regard coquin, caché derrière de longs cils soyeux. Il vivait à la montagne. L'été, c'était très amusant : il gambadait dans les prés et il aimait beaucoup faire peur aux vaches qui paissaient tranquillement à côté de lui.

Mais, l'hiver, c'était moins gai : on l'enfermait dans l'étable et, de loin, il apercevait cette belle neige blanche.

— Comme ce doit être amusant! se disait-il, en voyant les enfants faire de la luge.

Une pensée lui vint. Un beau matin, il réussit à mordiller la corde qui l'attachait et, discrètement, quitta l'étable.

Janette, la petite fille de la maison, avait sorti la grande luge.

— Oh! viens Martin, dit-elle, j'ai une idée. Elle attela Martin à la luge et, fouette cocher, les voilà partis au village où cet attelage amusa tous les touristes.

— Messieurs-dames, criait Janette, venez faire une promenade en luge.

Martin était si heureux de gambader dans la neige qu'il n'éprouvait aucune peine à tirer les promeneurs.

Janette et son âne avaient tellement de clients et de succès qu'ils étaient parfois obligés de refuser du monde.

C'est ainsi que Martin devint célèbre dans ce village où, chaque hiver pendant de longues années, il fut la récompense des enfants sages.

20 janvier

le souper des joujoux

Cette nuit, pendant que les enfants dorment, la poupée Rosine bondit hors de son lit et va frapper à grands coups le coffre à joujoux :

— Levez-vous vite, je vous invite à souper ! crie-t-elle.

Alors, les soldats de bois sortent du coffre, en rangs, et ran plan plan, ils vont s'asseoir sagement dans la salle à manger, avec le jeu de quilles.

Bouli-Bouli, l'ours en peluche, court dans la cave et en rapporte une jatte de crème ainsi que des fraises et des framboises. Fidèle, le chien mécanique, met le couvert. Monsieur Polichinelle, dans son beau costume immaculé, fait le joli cœur auprès des marionnettes Lise, Lisa et Lisel. Quant à Rosine, elle s'affaire dans la cuisine.

— Mes amis, annonce-t-elle enfin, c'est servi!

Quel festin! On mange, on chante, on danse! Jamais les joujoux n'ont été à pareille fête.

Soudain, le premier coup de minuit tinte. Alors, chacun range la vaisselle, balaie les miettes, met tout en ordre et, au dernier coup de minuit, les jouets regagnent leur coffre et Rosine rentre dans son petit lit.

— Oh! quelle nuit tranquille! s'écrient, le lendemain matin, les enfants, qui ne se sont aperçus de rien.

21 janvier

Cactus, le hérisson

— Regarde maman. J'ai trouvé un jeune hérisson à demi-mort de froid sous une haie en revenant de l'école.

— Mettons-le dans un panier près de la cuisinière, dit maman compatissante.

Pauvre petit, il a eu si froid qu'il ne bouge ni piquant ni museau !

Peu à peu, réconfortée par la chaleur, la petite bête sort un bout de museau brillant surmonté de deux yeux vifs et noirs.

Il a tôt fait de repérer la soucoupe de bon lait tiède, et explore sans crainte la grande cuisine.

Bientôt baptisé Cactus, le hérisson familier est devenu le compagnon inséparable de Pierre et chacun s'habitue à le voir trotter gaiement dans la maison, en attendant le retour du printemps.

22 janvier

Tini et Tina

Sur la neige glacée, Tini et Tina, deux jeunes pingouins, font des glissades.

— Ces petits me rendront folle, se lamente maman Pingouin en se dandinant de façon comique, ils se briseront les pattes !

Tini et Tina s'élancent de plus belle, vont si vite qu'ils ne peuvent plus s'arrêter et boum ! se heurtent, puis culbutent dans un trou.

A leurs cris, maman Pingouin accourt et panse les blessures.

Ce ne sera rien ! Tini et Tina promettent d'être sages et d'écouter les conseils de leur maman, à l'avenir.

23 janvier

comptine

Janvier est rude, au fond des grottes;
Restons au chaud, dit la marmotte.
Cherchant la mousse au fond des bois,
Les jolies biches tremblent de froid.
Charmantes mésanges à têtes noires,
Pour vous j'ai construit ce nichoir.
Lièvre des neiges, de blanc vêtu,
Comme tu es beau. Mais où cours-tu?
Dans le potager du père François
Les légumes sont blancs et froids.
Mais le hibou, mon grand ami, m'a assuré,
Foi de rapace, que la carotte est bonne en gelée.
Lièvre, beau lièvre, sois prudent,
Le chasseur guette les imprudents.
Prends bien garde que la carotte,
Ne serve à cuire... une gibelotte!

24 janvier

mille cabrioles

Comme c'est agréable de se rouler dans la neige, de lancer des boules, de glisser, de faire mille cabrioles!

Le froid rougit les pommettes de Patrick, un nuage blanc sort de sa bouche.

Il est bientôt l'heure de rentrer. Patrick a une faim de loup!

25 janvier

le vieux mur

— Ah ! ma condition n'est pas à envier, se plaint un vieux mur de campagne. En été, le soleil brûlant fait éclater mes pierres. Pas la moindre ombre ; je ressemble à un four. L'automne me trouve aussi inquiet. Une ou deux pierres, mal fixées, tombent chaque fois que souffle la tempête. Un jour, elle me démolira. Et la pluie qui me transperce et les feuilles mortes qui se blottissent contre moi me font grelotter jusqu'à l'hiver.

Ah ! quelle maudite saison que l'hiver ! La neige glisse entre mes pierres et le gel me durcit ; j'en mourrais de froid si je ne pensais que le printemps est proche.

Quand les herbes rebouchent tous mes trous et que les fleurs s'épanouissent sur mon dos, je retrouve ma jeunesse et ma bonne humeur. J'ai alors l'âge des enfants qui viennent s'asseoir sur moi.

26 janvier

Pussy

Dehors, il fait froid, la neige tombe régulièrement.

Pussy, pelotonné près du feu, les yeux réduits à deux fentes vertes, regarde grand-maman tricoter les chaussettes de laine. Il a une envie folle de sauter sur la pelote rouge.

Hop ! il l'attrape, s'emmêle les pattes et se retrouve ficelé. Grand-maman le dégage en le grondant et Pussy, tout penaud, retourne dans son panier.

27 janvier

Timmy et Rouky

Aussi invraisemblable que cela puisse paraître, Timmy, le jeune chien, a pour ami un lapin de garenne !

Tous les matins, pendant la mauvaise saison, Rouky vient jouer dans la niche de Timmy.

Mais un jour, Rouky se fait attendre : serait-il fâché ?

Courageusement, Timmy met le nez dehors et galope dans la neige jusqu'au terrier de son ami.

Il frappe et une voix très faible répond « entrez » !

Le lapereau est malade. Timmy court chercher le docteur.

— Ce ne sera rien, dit ce dernier, un simple rhume qu'il faut soigner !

Timmy devient donc infirmier et soigne Rouky en lui administrant sirop et gouttes chaque matin.

Quelle belle amitié !

28 janvier

les marrons

— Chauds ! les marrons, chauds ! crie le marchand.

Les passants s'arrêtent, achètent, se réchauffent les mains.

Les marrons craquent, croustillent, se fendent.

— Chauds ! les marrons, chauds ! crie le marchand.

29 janvier

rencontre amicale

Un louvart ayant souvent entendu conter Chaperon rouge, se rendit au village pour faire la paix avec les enfants.

Une fillette vêtue de rouge, un panier à la main, trottinait vers le bois.

Il s'approcha et lui dit :

— Chaperon rouge, un conte mensonger nous a fait vos ennemis...

— Il y a belle lurette que les enfants n'y croient plus, lui dit la fillette.

— Alors, faisons la paix !

30 janvier

schuss

— Schuss !

La pente défile à toute vitesse. Splach ! c'est la chute.

Laure se retrouve le nez dans la neige, les skis en l'air.

Ses petits camarades rient.

— A ton tour !

Un par un, ils s'élancent, tombent, se relèvent, repartent.

Quelle joie de faire du ski !

31 janvier

deux jeunes imprévoyants

La forêt a revêtu son manteau blanc. Tout est calme et glacé. Seuls deux petits écureuils montrent le bout de leur nez : ils ont grand-faim !

L'été a trop vite passé, en jeux et promenades.

Pourtant, Dame Belette leur avait recommandé de faire des provisions ! Que vont-ils devenir ?

Ils s'approchent d'une maisonnette.

— Maman ! crie Didier, viens voir les pauvres petits écureuils dans la neige !

— Ils tremblent de froid et ils ont l'air affamés, dit maman. Rentre-les vite et installe-les au coin du feu. Nourris-les de faines et de noisettes. Ainsi, ils reprendront des forces jusqu'au printemps prochain !

1er février

deux amis ours

Un petit ours brun bien dodu, et un petit ours blanc tout rond ont fait connaissance au zoo.

— Un jour, dit ourson brun, je partirai.

— Un jour, dit ourson blanc, je partirai.

Alors, pour de bon, ils se sont sauvés !

Ils ont couru à travers les champs et les bois, sauté des ruisseaux.

Un soir, ils sont arrivés dans le port.

Hop ! ils ont grimpé sur un grand bateau.

— Cachons-nous sous les toiles.

Et, après de longs jours, un matin, ourson blanc et ourson brun ont sauté sur la banquise glacée.

Ils ont couru joyeusement, percé des trous pour pêcher des poissons.

Ils se sont régalés et ont dormi dans leur fourrure épaisse.

C'est depuis ce temps-là qu'un ours brun vit sur la glace polaire.

2 février

le récit de François

François est un petit garçon fragile, toujours malade, au regard profond, brillant d'intelligence.

Ses camarades se moquent souvent de lui, et l'appellent : « fillette », car il n'aime pas se battre et préfère les jeux calmes à leurs bruyantes équipées. Cette année, sa classe est choisie pour partir aux sports d'hiver et les garçons sont radieux.

A peine François a-t-il chaussé les skis qu'il tombe au milieu des moqueries de la classe ! Après de vaines tentatives, l'instituteur croit bon de ne pas insister et François est rayé du groupe sportif. On le confie à un montagnard avec qui il apprend à connaître et à aimer la montagne, au cours des promenades.

Le séjour terminé, la maîtresse demande aux élèves de décrire leurs vacances de neige. Le récit de François est si beau qu'on le lit dans toutes les classes et que le directeur, lui-même, le félicite.

Dans les regards admiratifs de ses camarades, François voit qu'il a pris sa revanche!

3 février

Solange et les moineaux

Ce matin, dans la neige, les trois moineaux apprivoisés de Solange ont trouvé un petit renard à demi-mort de froid et de faim. Vite, ils volent jusqu'à la maison de la petite fille et ils frappent, de leurs petits becs pointus, sur les carreaux de la fenêtre, en pépiant très fort :

— Cui, cui, cui !

Solange va leur ouvrir et leur donne des miettes de pain et des graines.

— Que vous arrive-t-il ? Avez-vous froid ?

— Cui, cui, cui ! pépient encore les moineaux.

Ils volent et tournent autour de la petite fille en refusant de manger : c'est étonnant, d'habitude ils sont si gourmands !

— Il y a sûrement quelque chose d'anormal dans la forêt, pense Solange, en mettant son manteau et ses gants, et en suivant ses petits amis.

— Vite, vite. Cui, cui, cui !

Les moineaux battent des ailes, reviennent vers Solange, la tirent par la manche de son manteau. La petite fille court. Elle est essoufflée. Enfin, elle aperçoit le renardeau qui a les yeux fermés.

— Pauvre petit, dit-elle, ramenons-le à la maison.

Elle le prend dans ses bras, met autour de son corps son gros cache-nez de laine et se hâte vers la maison.

Puis, elle fait chauffer du lait et frictionne très fort le petit renard, qui ouvre les yeux.

— Hum ! ça sent bon et il fait chaud, se dit-il.

Il boit volontiers le lait et il reprend des forces...

— Tu vas rester avec nous tout l'hiver, dit Solange, tu seras bien soigné.

Les moineaux mangent enfin les miettes de pain et les graines, tandis que le renard se blottit sur les genoux de l'enfant et, réchauffé, s'endort à nouveau.

— Ne le réveillons pas, dit Solange en le mettant dans un panier d'osier. Encore merci, mes petits amis, vous êtes de gentils moineaux. Voilà un ami de plus, pour vous et pour moi.

4 février

le bonhomme de neige

— La neige est tombée cette nuit, dit la maman à Jacques, va faire un bonhomme dans le champ.

Jacques amasse la neige, fait un joli bonhomme avec une pipe de bruyère, des yeux en coquille de noix, un nez en bouchon.

Le chien Mousse aboie de joie.

Il gambade autour du bonhomme, tant et si bien qu'il fait tout tomber.

Jacques gronde Mousse.

— Que tu es sot ! aide-moi à reconstruire mon bonhomme !

Cependant Mousse trouve la neige trop froide et il n'a pas envie de travailler.

Il court en direction de la maison.

Jacques est très en colère. Il reconstruit son bonhomme de neige, il a froid aux mains... Ses amis les moineaux viennent l'aider.

Lise vient aussi lui donner un coup de main.

Le bonhomme est encore plus beau que la première fois.

Mousse, tout penaud, n'ose plus bouger de sa niche.

Jacques l'appelle :

— Viens, et cette fois reste tranquille !

Mousse arrive, se contente d'aboyer et de remuer la queue. Lise et Jacques font une ronde.

5 février

Plumella, l'artiste

Maman Chouette est heureuse.

Elle a trois petites chouettes aux plumes douces et soyeuses.

Ce sont les plus jolies petites chouettes de la clairière aux fleurs rouges.

Deux petites chouettes aiment beaucoup l'école.

Mais Plumella, la troisième, voudrait ne pas aller à l'école.

— Pourquoi donc ? demande maman Chouette.

— Je veux faire de la dentelle de lumière, comme les araignées du matin, avec les perles brillantes de la rosée.

— Je te rapporterai du marché des cotons et des soies de toutes les couleurs !

A l'école, Plumella aime dessiner.

— Oh ! dit Mademoiselle, c'est bien joli, Plumella, ce que tu fais. Apporte tes cotons et tes soies. Tu décoreras nos fenêtres.

Plumella saute de joie.

6 février

petit sabot

Un petit sabot, laid, sale et fendillé est abandonné devant la porte de la ferme.

Tout seul dans la neige, il est triste. L'oie se moque de lui, le pigeon le trouve affreux, Minouchon est ahuri. Pataud aboie de désespoir.

La maman de Myrtille, la petite fille qui mettait le sabot, le jette dans la poubelle.

Le frère de petit sabot y est déjà. Il est tout cassé.

Petit sabot lui dit « adieu » et part sur la grande pente enneigée.

Un petit garçon revient de l'école. Il ramasse le petit sabot, l'emmène chez lui.

La maison est bien chauffée. Il y a des enfants qui lavent le sabot, le peignent en bleu avec de belles fleurs roses.

On lui met une voile et on l'installe dans une grande bassine d'eau claire.

C'est devenu un petit bateau qui tourne vite, pour la plus grande joie des enfants.

7 février

les trois loups

Par une glaciale nuit d'hiver polaire, des esquimaux travaillent dans leurs igloos.

Trois loups bruns ont faim. Ils cherchent de la nourriture.

Ils veulent dévorer un chien de traîneau, celui de Yawa.

Le chien est courageux, il a affronté plusieurs fois des ours cruels.

Il rentre dans l'igloo et hurle.

Les esquimaux déposent autour de l'igloo des morceaux de phoque contenant des somnifères puissants.

Les loups hésitent, mais ils ont trop faim et les dévorent.

Soudain ils bâillent et s'endorment sur place.

Le lendemain matin, ils sont attachés au traîneau avec les chiens de la famille de Yawa.

Ils pleurent. Leurs larmes forment sur leurs yeux d'étranges lunettes... les chiens rient très fort.

Finalement, les loups pensent qu'il vaut mieux être considéré comme des chiens de traîneau et avoir toujours à manger.

Ils se mettent à courir très vite avec les chiens sur la piste glacée...

Ils ne pleurent plus. Ils sont très contents...

8 février

l'oiseau qui portait le printemps

En regardant les nuages, Céline vit un oiseau très fatigué qui s'abattit dans son jardin plein de neige. La petite fille sortit tout de suite de sa maison, prit l'oiseau et l'emmena vite auprès du feu pour le réchauffer.

L'oiseau était très joli, mais il n'en pouvait plus. Alors Céline lui donna des graines, de l'eau et lui fit un perchoir.

Vers le soir, l'oiseau allait mieux, mangeait volontiers les graines et, la nuit venue, il s'installa sur le perchoir.

Le lendemain matin, Céline poussa un cri de surprise émerveillée : dans son jardin il n'y avait plus de neige, les arbres portaient des bourgeons et les pâquerettes s'ouvraient sur la pelouse verte.

— C'est le printemps, s'écria la petite fille. Il est en avance !

Elle sortit dans le jardin et vit l'oiseau qui la suivait en volant : il était tout ragaillardi et chantait à tue-tête.

— Tu es guéri. Je suis bien contente.

— Je n'étais pas malade, répondit l'oiseau, mais j'étais chargé car je portais le printemps.

Céline battit des mains toute joyeuse. Elle alla chercher son chien Pouf et, avec l'oiseau, ils se rendirent tous les trois dans la campagne, où le printemps s'épanouissait : les oiseaux chantaient, les papillons volaient, les écureuils faisaient des rondes dans les prés.

Quand il eut bien vu tout ce qui l'intéressait, l'oiseau dit au revoir à Céline.

— Tu t'en vas déjà ? demanda la petite fille.

— Je vais porter le printemps dans les autres pays, répondit l'oiseau. Mais, je reviendrai te voir dès que j'aurai terminé ma tâche. A bientôt et merci.

Il s'envola très haut. Pouf aboya pour lui dire adieu, Céline lui fit de grands signes à l'aide de son petit mouchoir blanc, puis elle cueillit un gros bouquet de boutons d'or et le ramena à la maison.

9 février

hue dia!

Hue dia! Hue dia!
Voilà Dada
Qui galopa
Par-ci, par-là,
Comme un bêta!

Hue dia! Hue dia!
Il trébucha,
Et patatras!
D'un coup tomba
Comme un bêta!

Hue dia! Hue dia!
Puis il pleura,
Et s'en alla,
Cahin-caha,
Comme un bêta!

10 février

le perce-neige

— Que la terre est dure, soupirait un jeune perce-neige !

Il poussait pourtant courageusement la croûte gelée qui recouvrait ses jeunes pousses vertes. Mais en dépit de ses efforts, il ne parvenait pas à la lumière du jour.

— Comme je voudrais voir le ciel, se lamentait la petite plante. Sentir enfin la caresse des flocons de neige sur mes feuilles.

Pip, un gentil vermisseau, son voisin, entendit sa requête. Prenant en pitié le faible perce-neige, il creusa encore et encore, affaiblissant la terre pour ouvrir un passage aux frêles pousses.

C'est ainsi que les clochettes du perce-neige fleurirent bientôt au pied d'un sapin.

12 février

mes amies

J'ai quatre amies :
C'est Stéphanie
La plus jolie
Et c'est Armande
La plus savante.
Quant à Janine
C'est la plus fine.
Enfin Camille...
Camille n'est ni jolie,
Ni fine, ni savante,
Mais, de mes quatre amies,
La douce Camille
Est la plus gentille.

11 février

Roux a la grippe

Roux, le plus petit des écureuils, a la grippe.

Bouillottes et tisanes se succèdent.

Il est bien malheureux !

Pendant que ses frères vont jouer d'arbre en arbre, lui est obligé de rester au lit.

— Je n'ai pas de chance ! gémit-il.

Maman Ecureuil le réconforte.

— Aujourd'hui, tu auras une surprise ! lui dit-elle.

— Qu'est-ce que c'est maman ?

— Chut ! c'est un secret.

Et voilà maman Ecureuil qui s'active à de mystérieux préparatifs.

Le soir venu, lorsque toute la famille est réunie autour de la table, maman Ecureuil apporte une magnifique tarte aux amandes. Des cris admiratifs fusent de toutes parts.

— C'est pour la future guérison de Roux ! dit maman, et elle lui en coupe une grosse part. Roux est ravi. Quelle adorable maman il a !

13 février

la tarte aux pommes

C'est mercredi et dehors il fait très froid. Caroline et Paula s'ennuient et ne savent comment occuper ce jour de congé.

— Vous devriez faire une tarte pour votre père, suggère maman.

— Tu as une idée extraordinaire ! s'exclament les deux fillettes.

— Voici tout ce qu'il faut : farine, sucre, œufs et pommes, car papa aime la tarte aux pommes, dit maman.

La porte de la cuisine est interdite à tous durant plusieurs heures, car il faut le calme pour faire de bons gâteaux !

— Maman ! Viens voir notre chef-d'œuvre ! chantent enfin Caroline et Paula.

— Maman accourt et pousse un cri de stupeur :sa cuisine est sens dessus dessous. Mais la tarte est magnifique ! Papa sera content !

14 février

mal aux dents

Sylvie est de fort mauvaise humeur aujourd'hui, elle a mal aux dents. L'une d'entre elles bouge et va tomber.

— Fais voir, dit maman.

— Non, j'ai peur ! crie Sylvie.

— Bien, dans ce cas, nous irons chez le dentiste qui arrangera cela !

— Non, j'ai peur ! crie de plus belle la fillette.

— Voyons Sylvie, il faut faire quelque chose et puis, tu verras, une autre dent poussera ensuite. Ce soir, sous ton oreiller, tu pourras cacher la dent tombée, ainsi demain matin tu trouveras à sa place une belle pièce de monnaie déposée par la petite souris blanche !

— Bien, allons chez le dentiste, consent enfin Sylvie, soudain intéressée par la petite souris blanche.

15 février

comptine

Partez vite à la queue leu leu :
Le premier, c'est le grand Mathieu.
Puis, vient le petit Benjamin,
Ensuite Alexis, Valentin,
Robert, Nicolas et Bertrand,
Enfin François et Ferdinand.
Partez vite à la queue leu leu...

16 février

la grammaire

Jérôme tourne distraitement les pages de sa grammaire quand, tout à coup, il voit toutes les lettres de son livre bondir en l'air : l'A fait des culbutes, l'O bâille, le S se glisse comme un serpent parmi les autres lettres qui dansent en rond. Puis, la chaise saute cahin-caha à travers la pièce, la bouilloire chante à tue-tête et la grosse horloge se penche vers la pendulette et les voilà qui jacassent « tic-tac-tic-tac », comme deux commères.

Soudain, la voix de Grand-Père se met à gronder :

— Paresseux ! Tu t'es endormi et tu rêves au lieu d'apprendre ta leçon.

Alors, confus, Jérôme ramasse son livre qui était tombé, et tout rentre dans l'ordre autour de lui.

17 février

Nikky, le malicieux

Un écureuil et une loutre étaient les meilleurs amis du monde. Tout l'été, à travers bois et taillis, ils jouèrent à cache-cache. Mais Nikky, le malicieux petit écureuil, gagnait toujours au jeu en se réfugiant au sommet d'un arbre dès qu'il pensait être rejoint. Il narguait alors Miarka, son amie la loutre, du haut de son perchoir.

Bientôt, l'hiver revint, froid, pluvieux et triste et bien des fleuves quittèrent leurs lits. Miarka ne craignait pas le froid, sa fourrure épaisse et luisante la protégeait, les poissons engourdis étaient une proie facile. Nikky, un triste soir de février, alors qu'il était réfugié au sommet d'un jeune arbre sentit celui-ci déraciné partir en tourbillonnant au fil de l'eau !

— Au secours ! criait le malheureux.

Fort heureusement Miarka l'entendit et, fendant l'eau de ses pattes agiles, elle le rejoignit.

— Grimpe sur mon dos, je te conduirai au rivage ! Nikky se cramponna de toutes ses forces et promit de ne plus se moquer de sa gentille amie.

18 février

la galette dorée

Lise a fait, seule, une galette dorée à point, qu'elle va porter à maman. En route, elle s'arrête pour admirer un papillon et confie la galette au chien, qui l'a suivie.

Mais un chat rôde. Furieux, le chien le poursuit, lâche la galette qui roule et va s'enfoncer sur les cornes d'une chèvre ! La biquette prend peur, elle court vers la maison, saute pour entrer, libérant la galette qui se retrouve sur la table...

Quand Lise rentre en larmes et l'aperçoit, elle n'y comprend rien. Peu importe ! La galette est retrouvée... et maman va être si heureuse !

19 février

le beau garçon

Ce beau garçon est un étourneau :
A mis son costume des jours de fête,
A piqué une plume à son chapeau,
Puis est sorti, chantant à tue-tête,
Tout joyeux,
Tout heureux,
Dansant par-ci et sautant par-là.
Ah ! quel étourneau, ce garçon-là !

20 février

le cheval de bois

Le manège est bien vieux, où je tourne inlassablement. Je m'appelle Polly, jadis je fus un beau cheval blanc aux grands yeux noirs et à la queue fringante. Maintenant, ma peinture s'écaille et pourtant les petits enfants aux joues rondes grimpent encore sur mon dos, en caressant ma crinière et nous tournons au son d'une musique aigrelette. Comme j'aime, au seuil des soirées d'hiver, accueillir sur ma croupe les petits garçons aux doigts encore tout poisseux des marrons chauds que vend le marchand, dont le fourneau rougeoie tout près de là.

J'ai entendu, l'autre jour, mon vieux maître parler de vendre notre manège : j'en ai le cœur bien lourd ; mais, a-t-il ajouté, je ne me séparerai pas de Polly et en ferai cadeau à un petit garçon pauvre. N'est-ce pas là une bien jolie fin pour un cheval de manège à la retraite ?

21 février

il neige...

De gros flocons de neige tombent sur la plaine et, insensiblement, la recouvrent d'un immense manteau blanc.

Rien ne bouge ! Seul Maître Renard rôde, en grelottant : il a grand-faim !

Petits poulets, cachez-vous bien, car Maître Renard est prêt à tout !

22 février

Gros Matou

— Où est encore passée Souricette ? gronde maman Souris, cette enfant me fait perdre la tête ! Un jour, Gros Matou la dévorera !

— Mais, je suis là maman, dit une voix fluette : Souricette arrive en traînant avec peine un énorme morceau de gruyère.

Soudain, Gros Matou surgit... et tout le monde se sauve.

23 février

Rikiki, le hamster

Rikiki le hamster s'ennuyait tant qu'il a dévoré et émietté les gâteaux destinés au repas du soir, puis s'est caché.

Catherine est contrariée. Que va dire maman ? Les heures passent sans que réapparaisse le petit gourmand.

La fillette, très inquiète, appelle :

— Rikiki, sors de ta cachette, tu ne seras pas puni !

Le petit hamster a bien de la chance d'avoir une amie aussi compréhensive.

24 février

Paula et Minou

Paula est mélancolique. Elle est seule à la maison, maman est partie faire des courses sans elle, car il fait très froid.

Elle va d'une pièce à l'autre, rien ne l'intéresse.

Minou, qu'elle délaisse habituellement pour ses amies, semble la comprendre.

Il s'approche d'elle, puis disparaît. Ce petit manège amuse fort la fillette.

— Voudrait-il jouer à cache-cache ?

Petit à petit, la bonne humeur de Paula renaît et elle se lance dans une folle partie avec Minou.

Paula n'oubliera jamais ce jour !

25 février

maman Renard

Le petit lapin grelotte de froid. Ses parents ont été tués, hier, par des chasseurs.

Il est seul et désemparé.

Maman Renard entend les sanglots du lapereau.

— Viens avec mes renardeaux ! lui dit-elle. Tu passeras l'hiver avec nous et tu ne seras plus jamais seul.

Le petit lapin est tout réconforté de retrouver une famille.

Il devient vite l'ami des renardeaux, et le temps passe doucement en rires et en jeux.

26 février

Jacquot, le perroquet

— Je suis un perroquet au beau plumage. Achetez-moi, s'il vous plaît ! Voyez comme je m'ennuie, seul derrière les barreaux de ma prison !

Personne ne voudra-t-il m'adopter ?

Ecoutez ! Je sais parler et je connais des chants de marins, décrivant la mer et des rivages lointains...

Vous savez, je suis un oiseau des îles !

— Achète-le, papa, supplie un adorable bambin. Regarde comme il se dandine sur son perchoir ! Qu'il est drôle ! Nous l'offrirons à Mamy pour sa fête, elle est si seule à présent !

Jean a emporté le perroquet chez lui. Adieu triste cage ! Petit à petit il l'a apprivoisé, et a fait de lui son ami. Il lui a aussi appris des mots nouveaux.

Un jour, tout fier, Jacquot se pose sur l'épaule d'une charmante grand-mère.

— Je vous souhaite une très bonne fête, Mamy !

— Quel beau cadeau ! s'exclame la vieille dame, tout émue. Ce gentil animal me tiendra compagnie et me distraira...

27 février

charade

Mon premier
Est une lettre de l'alphabet.
Mon deuxième
A museau pointu et longue queue.
Les oiseaux logent
Dans mon troisième.
Plus tard, mon petit frère
Sera mon quatrième.
Enfin, on trouve mon tout
Dans les jardins.

SOLUTION : G - RAT - NID - HOMME = **Géranium.**

29 février

la querelle

Voici quatre bons amis : le chat Mouche qui est tout noir, le chien Boule de Neige qui est tout blanc, le serin Cuicui qui est tout jaune, et Colette qui est une jolie petite fille.

Par mégarde, Boule de Neige a renversé le bol de lait de Mouche. Le chat furieux, griffe le chien. Effrayé, celui-ci se sauve dans le jardin, tandis que Mouche le poursuit, suivi de Cuicui et de Colette qui se demandent comment cela va finir. Et les voilà qui se donnent la course, aboyant, miaulant, pépiant, criant. Fatigués, ils s'arrêtent enfin au bout du jardin.

— Comme c'est bête de se disputer pour un bol de lait ! Embrassons-nous plutôt, dit alors Colette.

Et nos quatre amis, oubliant leur querelle, rentrent sagement à la maison.

28 février

le cheval de course

— Au trot ! Au galop ! puissant cheval de course. Ton souffle chaud se perd dans la brume du matin. Ta jolie crinière rousse vole au vent léger.

Tout à l'heure, lorsque nous serons à l'écurie, je te panserai et te parlerai à l'oreille, car tu aimes ça.

Puis, tu dévoreras de bon appétit la luzerne séchée tout exprès pour toi. Au printemps, sur le terrain, tu seras le plus rapide et tu gagneras toutes les courses !

1er mars

le marché de la clairière

Après un long hiver dur et froid, la nature commence à s'éveiller, les oiseaux gazouillent et font leurs nids. La forêt reprend vie, les arbres reverdissent.

C'est ainsi qu'un beau matin, après un long sommeil, madame Marmotte et madame Taupe s'étirent et bâillent. La chaleur du soleil les incite à sortir le bout du nez de leur trou.

— Oh! qu'il fait bon, dit l'une.

— Je vais au marché, dit l'autre.

Elles se rencontrent sur le chemin de la clairière.

— Avez-vous bien dormi, ma chère?

— Très bien, merci. Mais à présent j'ai grand-faim.

Et les voilà parties d'un pas vif et alerte vers la clairière où se trouvent tant de choses délectables, des racines de toutes sortes et surtout de l'herbe tendre et quelques vers. Mais quelle n'est pas leur déconvenue en découvrant le terrain occupé par un animal bizarre qui n'a ni queue, ni tête. Cet animal n'est autre que madame Tortue qui, ayant entendu nos deux commères, s'est cachée sous sa carapace.

— Bonjour, mesdames, dit madame Tortue en sortant sa tête, venez par ici, l'herbe y est délicieuse et j'ai terminé mon repas.

— Mais l'herbe ne nous intéresse pas, dit madame Marmotte, nous préférons de bonnes racines bien dures.

C'est ainsi que se termine en riant, et sans disputes, ce marché où nos trois amies trouvèrent de quoi préparer à leurs enfants un somptueux repas.

2 mars

Loupic, le canard

Loupic est un canard. Il vit dans la ferme de Martine avec beaucoup d'autres animaux.

Aujourd'hui, malgré le soleil, il hésite à se baigner :

— Coin! coin! l'eau me semble froide.

— Viens, si tu ne te baignes pas, dit Martine.

Loupic la devance et va taquiner Médor.

De son bec plat, il pince une des longues oreilles, d'un coup sec.

— Aïe! hurle Médor.

Il court derrière le canard. Loupic s'enfuit à toutes pattes et se réfugie dans les bras de Martine. Médor n'est pas content. Ouah! ouah!

Martine pose Loupic près du robinet du jardin. Le canard en profite pour l'ouvrir. L'eau coule partout, inonde le jardin. Quelle belle mare!

Loupic barbote avec joie.

La maman de Martine enferme le canard dans le poulailler. Elle est fâchée.

Martine obtient son pardon. Elle emmène Loupic dans la mare avec ses frères et sœurs.

3 mars

forêt à vendre

Le père Michel vend sa forêt. Les pies se demandent qui va l'acheter.

— C'est le papa de Claudine, disent les fleurs qui marquent le début du printemps.

Le hibou se réjouit. Il voit arriver la petite fille qui chante, en donnant la main à son papa.

— Nous ferons des cabanes, propose-t-elle.

Elle s'assied près de la source.

Un castor vient lui dire bonjour.

Il lui tend la patte, en signe d'amitié.

Claudine fait la connaissance des animaux.

Le soir, la grande biche la raccompagne.

4 mars

Pip, le moineau

Un vieux mur, à moitié écroulé se tenait sur le chemin de l'école. Entre ses pierres sèches, une famille de moineaux avait élu domicile. Maman Moineau y élevait sa nichée d'enfants turbulents, sans cesse affamés. Un jour, le plus fragile de tous tomba à terre.

Le pauvre petit piaillait sa détresse, une aile tout ensanglantée, tandis que sa maman, affolée, tournoyait au-dessus de sa tête.

Rentrant de l'école, Annette vint à passer. Intriguée par le manège de maman Moineau, elle se pencha et recueillit l'oisillon tout tremblant. Elle le nourrit d'une délicieuse pâtée. L'aile, bien soignée, fut vite guérie.

Annette se promenait souvent avec Pip sur son épaule.

Lorsque, avec le printemps, la saison des nids revint, la fillette encouragea son petit ami à s'envoler vers les siens. Pip rejoignit les autres oiseaux, mais il revint chaque matin souhaiter le bonjour à Annette.

5 mars

coquelicots et bleuets

Coquelicots et bleuets se sont donné
[rendez-vous
Dans le grand champ, près de chez
[nous.
Au vent léger, leurs longues tiges
[dansent,
Parmi les blés dorés annonçant les
[vacances.
Faites longtemps la joie de nos yeux,
Jolies fleurs champêtres rouges et
[bleues.

6 mars

la belle siamoise

Cathiou est une jolie chatte siamoise que tous admirent : une chatte d'appartement, noble et distante. Un nœud bleu entoure son cou et son panier est garni de satin de même couleur. Madame Joanna, sa maîtresse, en est fière ainsi que de ses beaux meubles luisants, de ses potiches et bibelots qui témoignent d'un goût sûr. Depuis plusieurs soirs, un chat hurle la nuit et réveille Madame Joanna.

— En Mars, gémit-elle, les chats ne peuvent rester tranquilles.

Soudain, le chat s'est tu.

Et, quelle surprise pour la vieille dame de voir un gros "matou pelé", pelotonné contre la jolie Cathiou ! Madame Joanna n'a pas le cœur de chasser l'intrus, car Cathiou, la belle siamoise, s'est choisi un ami.

7 mars

au pays bleu

Au pays bleu
Au pays vert
De mon enfance,
J'irai cueillir
Des primevères
Et des fougères,
Au pays bleu
Au pays vert
De mon enfance.

Au pays bleu
Au pays vert
De mon enfance,
J'irai cueillir
Les genêts d'or
Après l'aurore,
Au pays bleu
Au pays vert
De mon enfance.

8 mars

le petit sapin givré

Sur le trottoir, un petit sapin givré est jeté avec ses rubans rouges.

— J'étais si heureux dans la forêt!

Des larmes roulent le long des branches.

Deux musaraignes passent par là :

— Pourquoi as-tu tant de chagrin?

— Je voudrais retourner dans la forêt.

— Nous allons t'aider.

Trois lapins de garenne, un hérisson et deux renardeaux arrivent aussi :

— Portons le petit sapin dans le bois.

Les bêtes creusent un grand trou.

Elles transportent des feuilles mortes.

— Étalez bien mes racines, dit le petit sapin givré. Versez de l'eau en attendant la prochaine neige. Merci à tous.

Au printemps, le petit sapin fait pousser de jolies branches vertes au bout des rubans rouges.

C'est le plus beau sapin de la forêt!

9 mars

A.... comme Afrique

Catherine sur un chantier découvre une grande lettre *A* toute dorée.

Elle s'assied sur la barre de la lettre. *A*, comme Afrique...

On s'envole... Catherine se cramponne. La lettre *A* arrive en Afrique à Dakar. Bamboula l'emmène voir les marchands.

Sur le marché voici des fleurs, des fruits étranges, de gros poissons.

La maman de Bamboula donne à Catherine une mangue.

Catherine va dans la case de Bamboula. Elle mange du couscous et du poisson. Catherine met un pagne de toutes les couleurs.

Son petit ami africain joue du tamtam.

Catherine danse. Elle dort sur une natte.

Le lendemain matin, il fait très chaud, le soleil brille.

La maman de Bamboula est au marché. Elle vend les œufs des poules.

Catherine mange une galette sucrée et boit du café au lait.

Les deux enfants vont au bord de la mer et ramassent de beaux coquillages, aux formes étranges.

Bamboula les vend aux touristes.

Catherine dit au revoir à son ami africain et remonte sur la lettre *A*.

Elle arrive sur le chantier. Elle raconte son beau voyage à ses parents.

10 mars

le nuage vert

Un merle regarde le ciel bleu avec, par endroits, des nuages jaunes, orangés et verts.

— C'est le printemps! dit le coucou.

Les nuages descendent sur la terre.

Les jaunes portent des boutons d'or et des marguerites jaunes.

Les verts contiennent des feuilles et de l'herbe.

Les rouges ont des tulipes et d'autres fleurs.

Les lapins gris et les lapins roux se régalent de la bonne herbe tendre.

Dans les bois, dans les prés, sur les chemins, les fleurs multicolores attirent les enfants. Ils font des bouquets.

Les arbres ont de belles feuilles.

La taupe est éblouie par toutes ces couleurs.

Le dernier nuage vert apporte le Printemps, un petit garçon blond, souriant.

Il chante de jolies chansons.

Le merle, le coucou, la taupe, les fillettes et les garçons, des fleurs plein les bras, font une immense ronde qui s'en va très loin dans tous les pays du monde.

11 mars

une journée captivante

Jean-François saute de son lit et galope jusqu'à la cuisine où l'attend son déjeuner.

La journée s'annonce magnifique.

C'est mercredi et il est libre!

Tout d'abord, il va soigner les petits lapins blancs, nouveau-nés du clapier, puis donner du grain aux poulets.

Mais Zouzou, le jeune poulain va être jaloux, il est seul dans le pré parsemé de marguerites. Il faut lui rendre visite!

Les doux agneaux blancs l'attendent aussi pour jouer avec lui.

Et puis... il y a les devoirs...

Quelle journée bien remplie!

12 mars

le royaume enchanté

Souris grise, le merle et Brice sont voisins. Brice habite dans la maison, Souris grise dans la remise à outils, et le merle a fait son nid sur une branche du cerisier du jardin.

Un beau matin de printemps, Brice va cueillir des violettes dans la forêt ; Souris grise et le merle l'accompagnent.

Les feuilles sont vert tendre, et la mousse toute douce.

Soudain, dans un rayon de soleil, apparaît un petit bonhomme tout jaune, qui invite les trois promeneurs à le suivre dans son royaume.

Le voyage est long, mais quand ils arrivent, le merle, la souris et l'enfant sont émerveillés.

Il y a des fleurs très belles, comme de grosses marguerites jaunes, des arbres au tronc et aux feuilles jaunes et oranges.

Le soleil ne mange que du miel et de la confiture d'abricots. Il offre avec gentillesse aux nouveaux venus des boissons jaunes et sucrées, et des gâteaux dorés et croustillants.

Les fils et les filles du soleil dansent un ballet gracieux. Ils entraînent Brice avec eux. Les canaris et les serins dirigent l'orchestre. Ils sifflent admirablement bien.

Enfin, l'heure du retour arrive, et il faut malheureusement se séparer.

Sur la terre, c'est la nuit. La lune et les étoiles brillent dans le ciel.

Souris grise est sûre qu'ils n'ont pas rêvé, car sur son pelage brille une petite tache dorée, qui n'a jamais disparu. C'est un souvenir du pays du soleil.

13 mars

Pépita, la perruche

Pépita en a assez de se cogner les ailes aux barreaux de sa cage. Aussi, maman Perruche à peine endormie, s'échappe-t-elle par la porte restée entrouverte !

Quel bonheur de voler en liberté dans le jardin, de se cacher sous les feuilles, de tremper son bec dans l'eau fraîche du ruisseau, de se reposer enfin dans l'herbe !

— Comme j'ai faim ! pense Pépita. Et elle se faufile dans le poulailler.

— Nous ne t'avons pas invitée, gronde le coq en colère. Sors d'ici !

Effrayée, Pépita s'enfuit à tire-d'aile et se pose sur un arbre.

Moustacha le chat bondit sur elle, sans l'attraper, par chance.

— Je vais mourir de faim ou me faire manger ! gémit Pépita.

Elle entend les appels désespérés de maman Perruche et se précipite dans la cage où l'attend un bon repas.

14 mars

un vrai paradis

Un écureuil curieux et coquin s'est égaré dans la jardin. Apeuré, il va et vient, cherche le chemin de la forêt et de la liberté.

— N'aie pas peur, lui dit la pie. Il n'y a aucun danger ici. Petit Paul est très gentil et aime beaucoup les animaux. Son jardin est un vrai paradis !

15 mars

le train de campagne

Un petit train se promène dans la campagne, parmi les prés, les fleurs et les sapins. Les chevaux, les vaches lui disent bonjour.

Le chef de gare agite son drapeau.

Le petit train veut aller sur la montagne pour voir le fleuve bleu, les forêts vertes, les maisons toutes petites aux toits rouges.

On installe des rails. Le petit train va jusqu'au sommet de la montagne.

Il voit sur le fleuve un bateau qui va vers la mer.

Le petit train a envie de voyager à son tour. La lune se montre. Le soleil se couche. Le petit train veut aller dans la lune. Deux aigles volent jusqu'à une fusée qui accroche le petit train et l'emmène sur la lune.

Des hommes font une expérience. Ils sont contents de voir le petit train. Ils montent dans ses wagons.

Au bout de quelque temps, le petit train a envie de revoir la montagne, la campagne et ses amis, les vaches et les chevaux.

Une fusée qui retourne sur la terre se charge de le ramener.

Le chef de gare l'installe sur des rails qui ne servent plus.

Tous les gens du pays et des environs viennent admirer le petit train qui est allé sur la lune.

16 mars

trois petits moineaux

Trois petits moineaux
Portant des drapeaux
Rose, jaune et bleu,
S'en vont dans les cieux
A la queue leu leu.

Trois petits moineaux,
Sur un grand château
Extrêmement vieux,
Plantent leurs drapeaux
A la queue leu leu.

Trois petits moineaux,
Volant de nouveau
Dans le ciel tout bleu,
Retournent chez eux
A la queue leu leu.

17 mars

le cactus

En ce beau matin de printemps, Jacqueline arrose son cactus.

Litoliti, le hérisson apprivoisé, la regarde faire et se demande pourquoi cet étrange animal boit de cette façon.

Il avance la patte, la pose sur le cactus.

— Aïe, que d'épines ! Cela fait mal.

Litoliti pleure.

Jacqueline le soigne aussitôt.

— Ce n'est pas un animal, c'est une plante qui pique, dit-elle.

Litoliti fait la boule. Il boude.

— Ne sois pas stupide, rit Jacqueline, nous allons faire une partie de ballon.

Le hérisson retrouve sa bonne humeur.

Il se promet toutefois de regarder le cactus de loin et de ne plus jamais le toucher.

18 mars

Grillon se marie

— Le soleil me fait rêver, dit le grillon

Et la chenille lui répond :

— Moi, j'ai hâte de changer de robe...

— Coquette ! Je ne voudrais pas t'épouser.

— Qui voudrait de toi, Grillon sans économies ?

— Quand on s'aime, un toit suffit, et j'ai déjà trouvé ma mie.

Près du champ de blé où fleurissent les coquelicots et les bleuets, Grillon choisit une place bien abritée pour faire une chambre à coucher et un garde-manger.

Voilà ! Son foyer est installé. Alors Grillon prend son violon et va chercher Demoiselle Grillon.

C'est la noce ! On fait une farandole. Les sauterelles batifolent. Les escargots arrivent doucement. Les grenouilles sautillent gaiement. Les souris sont ravies. Le beau cortège que voici !

Monsieur et Madame Grillon vivront heureux, et auront beaucoup de petits grillons...

19 mars

le ballon rouge

François a un joli ballon rouge.

Un matin de printemps, il va se promener dans la forêt.

Le sentier est bordé d'herbe tendre et de fleurs multicolores.

François fait un bouquet pour sa maman. Le ballon sur le sol en profite pour rouler droit devant lui.

Un écureuil l'admire et marche à ses côtés.

La pie, le geai et le rouge-gorge jouent avec lui.

Le ballon aperçoit une flaque d'eau. Il veut prendre un bain. Il se salit dans la boue.

François cherche le ballon. Le merle lui dit où est sa cachette.

Le petit garçon lave le ballon, l'essuie et joue avec les animaux.

Le soir tombe, les oiseaux s'envolent, l'écureuil retourne dans son chêne.

François rentre chez lui avec son ballon.

Des grenouilles vertes chantent dans l'herbe.

20 mars

le chat et la mouette

— Miaou ! Miaou ! crie le petit chat perdu. Je suis seul dans le vent !

Le petit chat perdu court sur la dune et cherche son maître dans les chardons et les herbes piquantes.

Le petit chat perdu joue avec les flocons d'écume blanche.

Il frissonne dans sa fourrure mouillée que le vent retrousse.

Le petit chat perdu se réfugie sous un vieux bateau retourné, et se blottit dans le sable froid.

— Où es-tu ? Où es-tu ? dit la grande mouette blanche, en se posant doucement près de lui.

Le petit chat perdu sent alors contre lui une douce chaleur, une amitié pour réchauffer son cœur.

— Miaou ! Miaou ! crie le petit chat rassuré. Comme c'est bon d'être deux !

21 mars

le secret de Nicole et Olivier

— Hou ! Hou ! Nicole ! Où es-tu ? appelle Olivier.

Nicole qui est dans la cave, répond :
— Venez tous voir : j'ai découvert quelque chose.

Dans un coin sombre de la cave, les sapins de Noël abandonnés sont entassés.
— Un camion viendra les chercher pour les jeter, annonce Olivier.
— Oh ! ils étaient si beaux en habits de fête ! dit Nicole.

— Non, non, reprend Nicole, je ne veux pas qu'on emporte mon petit sapin givré !
— Regardez, crie Pierre, il a encore des racines. Cachons-le.
— J'ai une idée, dit Olivier. Attendez !

Olivier revient, une grande clé à la main.
— J'ouvre notre cave, dit-il.
— J'apporte une grande caisse, ajoute Nicole.
Les enfants saisissent le petit sapin givré et le posent dans la caisse.

— Maintenant, ordonne Olivier, trouvons de la terre.
Sur tous les balcons du grand immeuble les enfants vident les vieux pots à fleurs.
— Que faites-vous? demande maman.
— Tu vois bien, on range.

Mais le petit sapin n'a pas assez de terre pour ses racines. Alors, dans la forêt, les enfants piochent le sol et ramassent des feuilles mortes.

— Chic ! crie Nicole, la caisse est pleine ! J'arroserai le petit sapin tous les jours.

— Ouvrons la fenêtre, dit Olivier ; le soleil viendra le caresser, tandis que les petites souris et les araignées dans leurs toiles, lui tiendront compagnie.

Puis, un jour, papa déclare :
— Je vais descendre la vieille armoire dans la cave.
— Papa ! Nous allons avec toi ! s'écrient Nicole et Olivier.

— Tiens, dit papa, je me suis trompé de cave ; il n'y a pas d'arbre chez nous !
— Papa, oh ! Papa ! crient les enfants, c'est notre petit sapin à nous, notre petit sapin qui ne voulait pas mourir !

— Ah ! galopins, dit papa, vous auriez dû me le dire. Un sapin ne s'élève pas comme un champignon : il a besoin d'air et de soleil !

Nicole commence à pleurer.
— Voyons, grosse bête, dit papa, je vais emprunter une remorque et vous viendrez avec moi, pour planter votre ami dans la forêt.

Et maintenant, dans la forêt verte et ensoleillée, dans la forêt où le vent raconte la joie du printemps, le petit sapin qui ne voulait pas mourir étale ses branches neuves sur lesquelles les oiseaux viennent chanter.

22 mars

Rosalie et le poisson

Rosalie est une petite chatte, au pelage noir et roux. Elle aime plus que tout se diriger à pas feutrés vers la pelouse verte et drue, au milieu de laquelle se trouve, à ras de terre, le petit bassin aux poissons rouges.

Elle s'abrite sous la plus grosse feuille du nénuphar, qui lui sert de parasol. Là, elle attend patiemment que les poissons sortent de leur cachette et apparaissent dans les reflets de l'eau tiède.

Dès qu'elle en aperçoit un, elle avance prestement sa patte, toutes griffes dehors et hop! la lutte commence! Elle croit en avoir coincé un contre le bord du bassin. Elle se régale à l'avance.

Mais le petit poisson est malin, il ne s'est pas laissé prendre et va se réfugier avec tous les autres, entre les papyrus.

Rosalie, déçue, repart en espérant bien être plus maligne la prochaine fois.

23 mars

la barrière en colère

— J'en ai assez, galopins, de vous avoir tous là, perchés sur mes planches!

Vous jouez à la balançoire, vous me secouez, vous me démantibulez!

Demain, le fermier viendra avec son marteau et m'enfoncera de gros clous partout. Aïe! Aïe! Non, je ne veux pas!

Allez, oust, descendez!

Allez faire les guignols plus loin!

Ce soir-là, la barrière arracha ses poteaux, les mit sous son bras et partit.

— Où va-t-elle? Où va-t-elle donc? demandèrent les voisines, curieuses.

La barrière poursuivit son chemin.

Elle arriva sur une grande plage :

— Oh! c'est beau la mer! dit-elle.

Le fermier y va tous les dimanches.

Moi, j'étais bonne à garder les vaches!

Alors, la barrière piqua ses poteaux et resta sur la plage pour voir la mer.

Un jour, une vieille femme passa :

— Oh! la belle barrière! Viens dans mon jardin.

— Je veux bien, mais promets-moi que les gamins ne grimperont pas sur moi!

24 mars

l' île ronde

Dans une île ronde et verte, vit un âne gris qui, bientôt, se lasse de tourner.

Il décide de partir. La mouette le lui déconseille.

— Ici on est bien, reste!

L'âne ne l'écoute pas. Il nage dans la mer toute bleue.

Il arrive sur une plage où de gentils lapins lui offrent des carottes.

Tout à coup, arrive le fermier.

Les lapins tremblent et se sauvent vite dans leurs clapiers.

Le fermier capture le petit âne. Il veut le faire travailler.

Il l'oblige à tirer des seaux d'eau, et ne lui donne qu'un maigre repas.

Il y a là, un petit garçon, qui travaille beaucoup.

L'âne et lui deviennent des amis.

Un jour, le méchant fermier tombe malade, les animaux en profitent pour partir vivre sur l'île ronde du petit âne.

Ils sont tous heureux.

25 mars

le petit crabe

— Ne sors pas du trou, petit crabe. Les enfants sont à la pêche.

— Je voudrais les voir, maman. Le petit crabe sort de son trou.

— Oh! un crabe, un crabe, vite!

— Où est-il? Il a disparu!

Maman crabe gratte sous le rocher. Les gamins fouillent dans son trou. Impossible de l'attraper! Raté! Mais petit crabe s'est sauvé...

26 mars

Café-au-lait

— Regardez tous! C'est merveilleux : j'ai trouvé un chien perdu! dit Anne. Je l'appellerai « Café-au-lait ».

— C'est malin, dit Roland, pourquoi pas « soupe à l'oignon »!

— Nous irons à la foire, dit maman.

Les enfants se régalent de saucisses.

Anne s'élance dans la foule.

— Café-au-lait! Café-au-lait! où es-tu?

Là-bas, un jeune garçon écarte les bras.

— Bigoudi! Papa, Bigoudi est retrouvé!

Le gamin embrasse la tête du chien.

— Mon vieux Bigoudi, je t'attacherai désormais!

Anne pleure.

— Attends, décide papa, on va arranger cela.

— Impossible, répond Anne. On ne peut pas couper un chien en deux!

Guy s'approche et propose :

— Si tu veux, nous partagerons Bigoudi!

Anne est consolée! Elle a retrouvé Café-au-lait et découvert un ami.

27 mars

l'aventure de Cocoli

— Mon petit Cocoli, dit maman Chien, à son petit chien blanc tout frisé, tu iras à l'école ce matin. Vite au bain pour être blanc comme la neige!

Cocoli adore barboter dans la bassine.

A l'école, Cocoli a été si sage que le maître, un grand chien-loup, lui a donné la plus belle image.

Le soir, Cocoli joue et court avec tous les chiens du quartier. Hop ! Cocoli saute sur une fenêtre.

Ploc! Ploc! Ploc!

— Cocoli! Cocoli! Où es-tu?

Cocoli est introuvable.

Mais, dans le bidon de peinture, le petit chien se débat comme un diable.

C'est un pauvre chien mouillé et tout orange qui tire la langue et crache.

Il se jette dans le ruisseau pour redevenir blanc comme la neige.

28 mars

la rougeole verte

A l'école maternelle, beaucoup d'enfants ont attrapé la rougeole. Ils sont malades, les uns après les autres, et Michelle ne fait pas exception : ce matin, elle est là, dans son petit lit. Le docteur dit :

— Elle a la rougeole, mais, comme c'est curieux, ses boutons sont verts.

Au fur et à mesure que la fièvre quitte son petit corps, Michelle a la surprise de voir ses boutons éclore et se transformer en fleurs délicates et parfumées qui attirent dans sa chambre des oiseaux et des papillons de toutes les couleurs. La petite fille est une petite fille-fleur : les oiseaux chantent, se posent partout sur sa tête, sur son visage, sur ses épaules, et les papillons lui font des couronnes vivantes, jaunes, rouges, bleues. C'est très joli.

Michelle, guérie, retourne à l'école, mais ses nouveaux petits amis, les papillons et les oiseaux, ne veulent plus la quitter. Aussi l'accompagnent-ils non seulement à l'école mais dans sa classe. Et les petits enfants battent des mains en poussant des cris de joie. Voilà une classe amusante et bien agréable.

A la récréation, on s'amuse beaucoup. Les oiseaux chantent avec les petits enfants qui font des rondes avec les papillons et jouent à cache-cache avec les coucous.

Michelle est bien contente d'avoir eu la rougeole verte parce que, maintenant, elle a beaucoup d'amis ailés : elle aime tant les oiseaux et les papillons !

29 mars

Mironton-Mirontaine

Maman chatte lèche avec amour ses deux chatons jumeaux : Mironton et Mirontaine. Ils sont noirs tous les deux, du nez au bout de la queue.

— Comment les reconnaître? dit maman chatte, j'ai déjà lavé celui-ci et celui-là, est-ce le même ou est-ce l'autre, son frère?

Les petits chats font les fous, sautent, roulent, se poussent et miaulent en même temps.

— Viens! Mironton.

Les deux chatons approchent.

— Viens! Mirontaine.

Les deux chatons sautent ensemble.

— Toi, tu auras un ruban rouge et toi un ruban bleu! décide un soir maman chatte.

30 mars

le girafeau

Maman Girafe a décidé de faire le tour du monde avec son petit.

— Nous prendrons l'avion demain ! Première étape : la France.

Dans l'avion, le petit girafeau est émerveillé. Collé au hublot, il crie :

— Je vois la mer, la montagne, et un pays vert !

A Orly, des reporters attendent, caméra au poing, pour filmer Girafeau et connaître ses impressions :

— C'est bleu, c'est blanc, c'est vert !

Dans Paris, Girafeau, pressé par la foule, grimpe à la Tour Eiffel.

Girafeau est très impressionné par ce qu'il découvre d'en haut :

— Comme c'est grand ! Que de monde !

Pour descendre, Girafeau veut prendre l'escalier roulant. Il s'avance d'un pas mal assuré. Boum ! il glisse. Maman tombe sur lui et manque de l'écraser, car elle est bousculée par tous ceux qui les suivaient et qui trébuchent aussi. Quelle pagaille ! Heureusement, tout le monde est sain et sauf !

Mais Girafeau, apeuré, s'écrie :

— Maman ! Maman ! Je crois que je préfère la savane !...

31 mars

la grande sœur

Marie-France a six ans. Sa sœur Fabienne, seize.

La petite fille regrette qu'il y ait une telle différence d'âge entre elles. Impossible de jouer à chat perché, à la poupée avec sa sœur.

— Je n'ai pas le temps, proteste invariablement Fabienne.

La fête des mères approche et Marie-France s'efforce d'orner une boîte métallique de fleurs peintes pour faire un cadeau à sa maman. Le pinceau glisse, et le chef-d'œuvre est complètement détruit.

Devant les larmes de la petite, Fabienne s'émeut : par d'adroites touches de pinceau, elle répare les dégâts et la boîte est finalement très réussie.

— Quelle chance j'ai, quand même, d'avoir une grande sœur ! s'extasie Marie-France.

1er avril

attrape-nigaud !

Le 1er avril, jour des farces, Marc découpe un poisson dans du carton et le suspend dans le dos de sa sœur Lily. Puis, quand celle-ci va se promener, il la suit pour s'amuser de la surprise des passants. Mais il constate bientôt que ce n'est pas elle qu'on regarde en riant, mais lui-même. Soudain, quelqu'un lui crie : « Salut, les deux ânes ! » et il s'aperçoit qu'un âne de carton se balance dans son dos.

— Rira bien qui rira le dernier ! lui dit alors Lily d'un ton moqueur.

2 avril

la taupe et le printemps

Madame la Taupe n'a plus envie de dormir.

— C'est à cause du printemps qui arrive, se dit-elle.

Elle cherche ses lunettes. Mais elle les a égarées pendant son long sommeil hivernal. Impossible de les retrouver. Alors, elle se dépêche de mettre le bout de son petit nez dehors. Le soleil brille. Le ciel est tout bleu. Les moineaux picorent dans le jardin de Françoise.

— Cui ! cui ! madame la Taupe, disent-ils, c'est le printemps !

— Je ne le vois pas, répond la taupe, très myope. Je vais aller à sa rencontre. Elle avance très vite dans l'allée principale du jardin de Françoise.

— Miaou ! où vas-tu ? miaule le chat, étonné.

— Chercher le printemps.

Dans la forêt, les écureuils, les belettes, les oiseaux s'amusent et font des farandoles. Le merle se dépêche de finir son nid. La taupe sent le printemps, elle renifle, mais cela ne lui suffit pas, elle veut le voir. Ah ! si elle avait ses lunettes ! Bien complaisant, le loriot lui prête celles de sa grand-mère, et la taupe court à la rencontre du printemps.

Il apparaît au bout du chemin : c'est un petit garçon qui rit et qui a dans ses mains beaucoup de pâquerettes.

— Comme je suis contente de te voir ! s'exclame la Taupe.

Toute heureuse, elle danse avec le fils du printemps.

— Coucou ! dit le coucou, jouons à cache-cache.

La taupe ne demande pas mieux et elle se cache un peu partout dans la forêt, mais le coucou la trouve toujours.

Alors, lasse d'avoir tant couru, la taupe retourne chez Françoise, qui s'empresse de la caresser et de lui installer un petit coin dans son jardin. Vive le printemps !

3 avril

le petit mouton brun

Un beau matin, le petit mouton brun partit, une fleur entre les dents.

- Où vas-tu, mouton brun, où vas-tu?

Le petit mouton brun n'a pas répondu.

Il a descendu la montagne fleurie et s'est arrêté au village.

- Toc! Toc! Toc!

- Entre, mouton brun, a dit le maître d'école, que veux-tu?

- Je veux apprendre à lire.

- Assieds-toi là sur le banc et écoute.

Le soir, le petit mouton brun est remonté sur la montagne avec ses frères.

- Qu'as-tu fait, mouton brun?

Le petit mouton n'a pas répondu.

Il a rêvé sous les étoiles.

Et puis un jour enfin, mouton brun a apporté un gros livre d'images.

- Venez, dit-il, je vais vous lire une belle histoire.

Alors, chaque soir, tous les moutons se rassemblent avant de dormir et mouton brun lit une des 365 histoires que tous écoutent avec joie.

4 avril

le petit rayon de lune

Le dernier fils de la lune parcourt la terre, en cette nuit de printemps parfumée.

Il réveille une poule.

— Est-ce le jour? Gloup!

La poule ouvre un œil.

Elle joue deux minutes, puis elle se rendort.

Le rayon accompagne Lapin Habile, qui fuit les chasseurs.

A l'aube le ciel pâlit.

Le rayon de lune rejoint sa maman, la lune Ronde.

Il va en Chine.

Il réveille une petite Chinoise qui rit en le voyant.

Ils se promènent tous les deux au bord du fleuve.

Le rayon raccompagne l'enfant. Puis il rejoint les étoiles, et s'endort.

5 avril

la ronde des pensées

Nichées dans leurs pots, les pensées jaunes ne sont pas contentes. Elles voudraient aller au bal du printemps. Mais, comment faire?

Le petit Georges les libère et les emmène dans le bois.

Le loriot cherche la trompette de l'écureuil; l'orchestre des pinsons et des merles fait une répétition.

La grenouille verte s'exerce à des sauts périlleux; elle doit se produire en public.

Un jeune muguet et un iris mauve disent aux pensées qu'elles sont belles.

Georges les baigne dans l'étang pour ôter la terre qui reste à leurs pieds.

Un crapaud fait un nœud papillon.

Les capucines conduisent les pensées dans la clairière où se trouvent déjà les roses, les tulipes, les pervenches et les muguets.

Les grillons donnent la première note du bal.

Les pensées font une ronde avec les iris mauves. Le coucou danse avec une grenouille et lui demande de devenir sa femme.

— Bravo! dit le hibou.

Le merle unit les époux.

Les fleurs dansent autour des jeunes mariés et leur souhaitent beaucoup de bonheur.

La nuit prend fin. Le soleil est là. Georges va chercher les pensées jaunes, un peu fatiguées d'avoir trop dansé et trop bu de nectar d'abricot.

Elles s'endorment, aussitôt remises dans leurs pots de terre. Quelle belle soirée!

Elles ne l'oublieront pas.

6 avril

comme les grenouilles !

Les galopins du village du Moulin courent tous après Paul, un gamin de neuf ans.

— Hé, Paul, quel menteur ! Il raconte qu'il sait nager !

— Impossible ! Montre-nous !

— Venez au marais, dit Paul.

Tous les galopins vont au marais.

— Hé ! Paul, fais donc la grenouille !

Paul se jette dans la rivière, agite les jambes, lance les bras.

— Çá y est, Paul a traversé !

— Comment sais-tu nager?

— J'ai regardé les grenouilles, dit Paul.

7 avril

Trinka la petite tortue

Trinka est une petite tortue qui habite dans un joli pavillon entouré d'un grand jardin. Tout l'été, Trinka s'est lentement promenée sur le gravier des allées, dégustant les tendres feuilles de salade.

Lorsque vint novembre, une caissette pleine de sable fin devint le refuge de Trinka.

Un beau matin, un timide rayon de soleil caressa la carapace de Trinka. Celle-ci sortit une patte, puis l'autre, avança la tête avec de grandes précautions. Son abri avait été déposé au beau milieu du jardin sous un cerisier. La patte de Trinka effleura un sol couvert de poudre blanche.

— Qu'est-cela? grommela Trinka indignée; me poser ainsi dans un champ de neige !

Et, elle rentra frileusement sa tête. Les trilles d'un oiseau moqueur lui parvinrent malgré l'épaisseur de sa carapace.

— Jeune sotte! sifflait le loriot, ne sais-tu pas reconnaître le printemps qui fleurit les arbres. Sors de ta retraite, et viens célébrer le retour des beaux jours.

8 avril

le diamant merveilleux

Coccinelle sort de son abri :
— Oh! un diamant merveilleux brille au soleil!
Coccinelle ne peut plus étendre ses ailes engourdies.
— J'irai quand même, dit-elle.
Hop! Elle saute sur une branche. Coccinelle va toucher le diamant mais il a disparu. Où est-il, où est-il?
Deux yeux brillants la regardent.
— Oh! lézard vert as-tu mangé le diamant merveilleux?
— Que racontes-tu, petite? Ton diamant merveilleux est une goutte de rosée baignée de soleil.
— Mon beau diamant était un rêve!
— Tous les rêves s'envolent avec la lumière du matin, petite coccinelle, tu ne le savais pas?

9 avril

devinette

J'ai des cornes. Je vis dans les bois et dans les jardins. Quand je me promène, j'emporte ma maison sur mon dos. Devine qui je suis?

SOLUTION : Un escargot.

10 avril

histoire ronde

Dans un jardin tout rond s'élevait un bassin rond rempli d'eau transparente. La maison bordant ce jardin avait une tour ronde.

Deux enfants au visage rond vivaient dans cette demeure.

Ils aimaient jouer avec leur ballon rond.

Un jour, les enfants au visage rond envoyèrent le ballon rond dans le bassin rond. Les poissons se mirent à tourner en rond autour du ballon rond, si bien qu'ils eurent le tournis et devinrent, eux aussi, ronds, tout ronds comme le ballon.

Dans le bassin rond, en un joyeux carrousel, tournaient le ballon rond, les poissons ronds, admirés par les enfants au visage rond.

11 avril

le rouge-gorge

— Gai, gai, mariez-vous! dit le soleil aux oiseaux.

Alors, le rouge-gorge met son grand col de plumes rousses sur son plastron blanc.

Puis, dressé sur le taillis, tout fiérot, il siffle effrontément sa belle :

— Uip, uip...

La belle qui n'est pas farouche, vole vers son bien-aimé et le rouge-gorge de lui chanter :

— Trit, tiritit, tiri, tirititi.

Ainsi, en avril, furent-ils mariés.

12 avril

une petite cloche qui revenait de Rome

Joyeuses, volant dans le ciel clair, toutes les cloches reviennent de Rome, apportant aux enfants des œufs, des poissons et des cloches en chocolat avec des rubans multicolores.

Mais voici qu'une petite cloche en cuivre qui étincelle au soleil, est tellement chargée qu'elle doit atterrir avant d'arriver à son village. Alors, elle descend dans un champ tout fleuri de pâquerettes, de boutons d'or et de fleurs de trèfles mauves, où s'amusent des petits garçons.

Quelle joie pour les enfants !

Ils se précipitent au-devant de la petite cloche qui s'est posée sur le dos, laissant voir son chargement d'œufs énormes, de poissons et de cloches, ausssi succulents les uns que les autres.

Les enfants appellent leurs camarades et viennent ramasser ensemble tout ce que la gentille petite cloche a rapporté de Rome. Allégée et contente d'avoir donné de la joie à ces enfants charmants, la petite cloche s'envole en carillonnant gaiement, et va rejoindre le clocher de son village. Heureusement, en cours de route, d'autres cloches ont jeté sur la grande place de l'église des friandises pour les jeunes villageois, qui s'étonnent de voir leur petite cloche revenir toute vide. Mais celle-ci, joyeuse, leur apprend en sonnant à toute volée qu'elle a fait le bonheur d'autres petits enfants qui habitent dans un endroit où il n'y a pas de clocher...

13 avril

Christelle et Sabine

Née un jour d'avril, Christelle a huit ans.

Sa maman a préparé un goûter d'enfants et organisé un après-midi de réjouissances. Deux guitaristes, amis de son grand frère, sont venus mêler la musique endiablée aux rondes effrénées.

Soudain, Christelle voit deux larmes silencieuses couler sur les joues de Sabine, son amie préférée. Sa maman est malade et l'enfant s'inquiète.

Alors, Christelle, emplissant un sac de cadeaux, de gâteaux, de friandises, dit à la petite fille :

— Cours vite chez toi, et offre toutes ces choses à ta maman. Elle ne doit pas être oubliée.

Et Sabine en est sûre : ces cadeaux aideront sa maman à guérir !

14 avril

comptine

Les oiseaux chantent.
Toute la forêt danse.
Le soleil brille
Et fait sortir les jonquilles.
L'écureuil se balance
Sur la plus haute branche.
Le printemps est là.

15 avril

la poulette rousse

C'est fête au village ! La ferme est en [liesse !
Seule, la poulette rousse est triste.
Buvant à l'auget, elle médite :
Chaque fois qu'elle pond
Un bel œuf rond,
La fermière le prend.
Dans ces conditions,
Comment avoir des poussins ?
Sans doute est-ce son destin...
Pour distraire son chagrin,
Poulette lambine
Dans la prairie voisine
Et ne rentre que fort tard.

Vers son nid vide, elle va...
Vide ? Non ! Douze œufs sont là.

Poulette, bien étonnée
Se couche sur la couvée
Que, déjà, elle sent vivre.

En accord avec le bonheur de Poulette,
Les cloches annoncent la fête.

16 avril

Mimi, la tourterelle

Mimi s'ennuie, délaissée dans le sombre appartement.

Hop ! Elle s'échappe par la fenêtre restée entrouverte, et va se promener au soleil, dans le parc voisin, parmi les fleurs et les arbustes.

Comme elle est bien ici !

Kiki, le pigeon gris a eu la même idée...

Ils se sont rencontrés et se sont mariés.

17 avril

un beau bébé

Papa et maman sont très heureux.
Ils répètent à tous leurs amis :
— Au printemps nous aurons un petit bébé !
Les grands-mères et les tantes
Tricotent avec amour
La laine la plus douce.
Les jolies brassières
Et les petits chaussons
Remplissent les corbeilles.
Au printemps nouveau,
Le soleil fait éclore les fleurs.
Les oiseaux chantent.
Hélène ouvre les yeux
A la grande joie de ses parents.
Autour du berceau garni de dentelles,
La famille et les amis admirent Hélène :
— Comme elle ressemble à son papa !
— Comme elle ressemble à sa maman !
— Elle a un drôle de petit nez !
— Quelle jolie frimousse fraîche !
Les cloches carillonnent joyeusement
Pour le baptême du bébé.
Dans le bleu du ciel,
Le vent emporte le nom d'Hélène
Pour l'apprendre à tous les amis.

18 avril

l'enfant aux bras croisés

Ritou est un petit garçon très sage. A l'école et à la maison, il croise volontiers les bras.

En ce jour de printemps, Lilou, le lutin, a décidé de jouer un bon tour au petit garçon.

Il attache les bras de Ritou qui ne le voit pas et qui écoute bien sa leçon.

A la fin de la classe, Ritou est obligé de porter son cartable sur la tête.

A la maison, il mange avec ses pieds.

La maman appelle le docteur qui déclare ne pas connaître la maladie de Ritou.

Lilou, dans la forêt, rit de bon cœur de la farce jouée à Ritou.

Le hibou oblige le lutin à enlever les ficelles des bras de Ritou.

Le lutin obéit et devient l'ami du petit garçon, à qui il raconte de très jolies histoires de lutins.

19 avril

la chèvre curieuse

— Je vais au marché, dit madame Lini à Cabrine, la petite chèvre.

A peine sa maîtresse a-t-elle le dos tourné que la chèvre saute la barrière de son enclos, et part en gambadant dans les prés fleuris.

Elle aperçoit au loin une maison. Un nuage de fumée s'échappe de la cheminée. Cabrine est très curieuse et s'approche de la ferme.

Par la fenêtre, elle découvre la cuisine, et le feu qui crépite dans l'âtre. A l'intérieur, Antoine le berger s'affaire et prépare son repas.

Soudain, il voit, derrière le carreau, le museau de la petite chèvre qui l'observe. Etonné, il sort.

— Que fais-tu là, toute seule ? Tu t'ennuyais et tu t'es échappée ?

Cabrine, docile, se laisse reconduire dans son étable.

Madame Lini retrouve avec soulagement sa petite chèvre, et lui fait promettre de ne plus jamais s'enfuir.

20 avril

la boîte à musique

Le printemps approchant, nos amis Steve et Emmanuelle ont décidé de ranger leur armoire de fond en comble.

— Quelle joie pour maman, lorsqu'elle rentrera ! dit Steve.

Mais, soudain, au milieu des vestes de laine, ils découvrent une vieille boîte à musique de l'époque de grand-maman. Celle-ci l'avait cherchée des mois durant, sans résultats, car elle n'avait pas pensé à regarder dans cet endroit. Ce soir, au dîner, les enfants placeront la boîte sous sa serviette de table, afin de lui en faire la surprise. Emmanuelle conclue :

— Tu vois, Steve, l'ordre est toujours bénéfique !

21 avril

gentil Pilou

Pilou, l'écureuil coquin, s'est caché tout l'hiver dans un trou du vieux chêne, au fond du jardin de grand-père.

Il a longtemps dormi, se réveillant de temps en temps pour manger quelques noisettes ou quelques glands de sa réserve d'hiver, entassés minutieusement dans sa cachette.

Mais l'hiver est long et Pilou est très gourmand. Un beau matin, il s'aperçoit avec tristesse qu'il n'a plus rien à manger. Que faire? C'est alors qu'il se met à observer, du haut de son arbre, les allées et venues de grand-père, jardinant et allant chercher des fruits dans le cellier.

Il le voit plusieurs fois, portant un panier chargé de pommes et d'autres fruits délicieux.

Quelle tentation pour notre pauvre Pilou affamé! Mais c'est très mal de voler et il éloigne vite cette idée de son esprit.

Heureusement grand-père observe souvent ce petit écureuil pendant ses promenades au jardin et, se doutant qu'à la fin de l'hiver les réserves s'épuisent, n'écoutant que son bon cœur, il va porter tous les jours sous le grand chêne de quoi nourrir Pilou jusqu'aux beaux jours.

Au printemps, Pilou, reconnaissant, vient souvent s'asseoir près de grand-père, sur le banc de pierre, pour le distraire et l'amuser.

22 avril

Fleur de Lotus reçoit ses amies

Dans le jardin de Fleur de Lotus, les cerisiers sont en fleurs.

La fillette a invité ses amies pour son anniversaire.

Les petites Japonaises se saluent, s'installent à genoux autour de la table basse, et dégustent avec plaisir des mets exquis et raffinés. Fleur de Lotus leur sert du thé parfumé au jasmin.

Puis elles jouent à cache-cache dans le jardin fleuri. Longuement, elles font de la balançoire en riant aux éclats. Elles chantent en s'accompagnant à la flûte. Avec grâce, elles dansent dans leurs kimonos de soie.

Le soleil se couche, il est temps de se séparer.

Fleur de Lotus, restée seule, admire sa belle poupée, cadeau de ses amies.

23 avril

Brigitte à la campagne

Dans le pré joli, derrière la ferme, il y a une chèvre blanche et une petite fille qui mange une tartine de confiture.

La petite fille, c'est Brigitte, la petite chèvre, c'est Biquette. Biquette, remuant la tête, a dit :

— Donne-m'en un petit morceau s'il te plaît?

Mais Brigitte n'a pas voulu entendre. Gourmande, elle a mangé toute sa tartine à la barbichette de Biquette.

Alors, Biquette s'est vengée et a dévoré le chapeau de paille de Brigitte. Car la paille, les chèvres aiment ça.

Brigitte a pleuré, Biquette a regretté, Brigitte a regretté, Biquette a pleuré.

24 avril

deux amis en bateau

Bill, le petit chien, avait été invité par son ami Kiki, le phoque, à faire une promenade en voilier.

Kiki était un marin averti. Il n'en était pas de même pour Bill, qui dut s'y reprendre à trois fois pour grimper dans le petit bateau.

A l'aide d'un aviron, Kiki éloigna l'embarcation du rivage. Le vent commença à caresser les voiles et le petit bateau se mit à voguer. Kiki tira sur de nombreux cordages. Bill se demandait comment son ami s'y retrouvait; il y avait des cordes attachées partout. Kiki confia le gouvernail à son ami.

Le bateau filait vers le large, lorsque, soudain, à la suite d'un faux mouvement du petit chien, une grosse vague renversa le voilier.

Bill ne savait pas nager, c'est Kiki qui le ramena sur le rivage en nageant sur le dos.

Un marin remorqua le voilier jusqu'au port.

Les deux amis avaient été quittes pour une bonne peur.

25 avril

le sermon du perroquet

Joseph ne sait pas parler : Il hurle! A tous propos, il crie, et rien à faire pour qu'il se taise. Son oncle Mao a une idée : Il va acheter un perroquet et lui apprendre des phrases telles que : Joseph crie sans raison! Ou bien : Ah, Joseph, tu nous casses les oreilles!

Oncle Mao offre le perroquet au petit garçon.

A sa prochaine visite, le printemps venu, il a la joie de s'entendre dire par sa sœur :

— Joseph ne crie plus. Il est devenu sage comme une image. Ses amis se moquaient de lui lorsque Jacquot, le perroquet, le tournait en ridicule.

Et Jacquot de dire :

— Joseph est mon copain. Il est gentil, Joseph. Il ne crie pas, Joseph...

26 avril

la voyante

Bénédicte prend une grosse agate, se noue autour de la tête un fichu rouge et dit :

— Je suis la voyante, je lis dans la boule de cristal.

— Que vois-tu ? demande Minou, le chat angora.

— Une rose toute rouge qui a fleuri dans le jardin.

— Alors c'est le printemps, dit Minou.

— Je vois, dit encore Bénédicte, des papillons bleu et rose qui volent dans le pré, autour des agneaux.

— Miaou ! dit Minou, c'est vraiment le printemps.

— Je vois, dit la fillette, un bol de lait pour toi et, pour moi, un gâteau de riz préparé par maman.

La voyante improvisée abandonne sa boule de cristal, déguste le gâteau de riz ; Minou boit son lait.

Bientôt, tous les deux se rendent dans le jardin pour admirer la belle rose récemment éclose autour de laquelle dansent deux papillons multicolores. Bénédicte et Minou font une ronde.

27 avril

charade

MON PREMIER
Est un fruit délicieux.

MON SECOND
Tombe du ciel quand il pleut.

MON TOUT
Est un légume savoureux.

SOLUTION : Poire, eau, poireau.

28 avril

la chèvre blanche

— Chèvre blanche, dit le berger, cette nuit, je te confie le troupeau. C'est la fête au village. J'irai danser.

— Entendu, berger, amuse-toi bien. Je veillerai sur les moutons.

Les bêtes s'endorment dans la nuit parfumée de la montagne.

— Chevreau noir, pourquoi pleures-tu ?

— J'ai mal, maman, j'ai mal !

— Oh ! tu as beaucoup de fièvre, petit. Je t'apporterai des herbes mouillées.

Chèvre blanche sort et court vers le ruisseau. Elle saute parmi les bruyères.

Elle arrache des fleurs d'arnica.

Une ombre bondit derrière elle.

Le loup s'élance vers la chèvre blanche.

Elle fonce les cornes en avant.

Le loup attaque avec ses crocs pointus.

La chèvre blanche l'envoie dans le ruisseau.

Vite, elle file entre les genêts.

Couverte de sang, elle apporte les fleurs qui vont guérir son petit chevreau noir.

29 avril

la balançoire

— Balance-moi haut, très haut, dit Hélène à Olivier. Pousse plus fort!

La balançoire touche la haie.

— Encore! Encore! Je veux aller jusqu'au ciel bleu!

Un grand coup et un grand crac!

Patatras! La corde casse.

Hélène, le nez dans l'herbe, a une grosse bosse à la tête.

— Papa! Maman! Papa! Maman! venez!

30 avril

le ballon de toutes les couleurs

Pour sa fête, Luc a reçu un superbe ballon de toutes les couleurs. Bientôt, le petit garçon et le beau ballon deviennent une paire d'amis. Mais, un matin, Luc donne un coup de pied si fort à son ballon que celui-ci bondit à travers la prairie, dégringole vers la route en contrebas et tombe dans une voiture qui file à toute vitesse. Quand Luc, tout essoufflé, arrive près de la route, la voiture a disparu à l'horizon.

Luc est désolé. Pour tâcher de le distraire, sa maman lui offre d'autres joujoux. Mais Luc ne se console pas d'avoir perdu son bel ami.

Puis un jour, une voiture, passant devant la maison de Luc, s'arrête et un vieux monsieur demande à l'enfant quel chemin prendre pour aller en ville. Complaisant, Luc renseigne de son mieux le vieux monsieur.

— Merci, mon garçon, lui dit le monsieur. Pour ta peine, prends ceci qui, l'autre matin, est tombé du ciel dans ma voiture. Je te le donne.

— Mon ballon de toutes les couleurs! s'écrie Luc, ravi d'avoir retrouvé son cher ami qu'il croyait perdu pour toujours.

2 mai

Kikou l'écureuil

Maman écureuil borde avec soin Kikou, le petit écureuil et dit :

— Reste bien au chaud sous ta couverture mon petit Kikou et demain le vilain rhume sera fini.

Kikou s'enfonce dans son lit, se rendort.

Maman part aux provisions.

Éveillé, Kikou regarde dehors :

— Oh! le beau soleil de printemps!

Oust! Kikou saute du lit et court gambader avec ses camarades. Quelle joie!

— Oh! Kikou, tu es tout pâle! Et tu trembles, qu'as-tu?

Kikou claque des dents. Il grelotte. Il a froid partout.

— Vite au lit, Kikou, vite!

Quand maman rentre, Kikou s'est endormi sous une couverture chaude de plumes de toutes les couleurs, chaude et si douce!

Les oiseaux du bois sont tous venus donner leur chaleur à leur ami Kikou et l'ont guéri.

1er mai

joli muguet

Le mois de Mai
est de retour.
Joli muguet,
bien le bonjour.
Et me voici,
dit la violette.
Sous le sapin
est ma cachette.
Mon nid est beau,
dit le pinson,
Mais du coucou
nous nous méfions.
C'est un méchant
voleur de nids.
Il nous tuerait
tous nos petits.
C'est le printemps,
bêle l'agneau.
Dansons amis,
près du ruisseau.

3 mai

Séraphine et Tulipe

Un jour du mois de mai, Séraphine s'amuse dans un pré fleuri.

— Oh ! s'écrie-t-elle, il y a une boule noire dans les tulipes !

Elle s'approche doucement, se baisse et découvre un petit chat endormi.

Sous les caresses de Séraphine, le petit chat noir se réveille, ouvre ses yeux verts et fait le gros dos.

— Je t'appellerai Tulipe, déclare la fillette.

Joyeuse, elle emmène le petit chat chez se maman.

— Tu sais Séraphine, dit maman, je ne veux pas ici de chat qui grimpe sur la table, ni de rideaux déchirés.

— J'y veillerai, promet Séraphine. Séraphine surveille Tulipe, mais il se glisse parmi les pelotes et emmêle toute la laine.

Il s'installe sur tous les lits, cherchant le plus douillet.

Il saute sur les chaises, sur la table, sur les assiettes... et les fait tomber. Patatras !

— Emmène ton chat dehors, dit maman. Il ne fait que des bêtises !

Désolée, Séraphine emporte Tulipe jusqu'à une pelouse verte et ensoleillée. Ah ! quelle chance pour le petit chat noir ! Tulipe saute de joie. Il court comme un fou. Il attrape les papillons et respire les fleurs. Il joue à cache-cache avec les rayons du soleil.

— Comme il est heureux ici, soupire Séraphine. A la maison, il doit tellement s'ennuyer !

4 mai

la Saint-Sylvain

C'est la Saint-Sylvain, la grande fête des bois.

Bel Joli, l'ourson, n'ira pas à la fête. Il est au lit, fievreux.

Petite Belle, sa sœur, part seule à la fête.

Elle monte sur les manèges de chevaux de bois. Elle voit le feu d'artifice.

De retour, près de Bel Joli endormi, elle dépose un mirliton et des sucettes.

5 mai

l'os croquant-craquant

— Je ne veux pas être lavé, baigné, frisé, habillé pour le concours, proteste Ricoco, le petit chien noir. Je veux être un vrai chien comme tous les voisins!

— Voyons, mon petit Ricoco chéri, tu ne vas pas me faire de souci. Tu seras le plus beau chien et tu auras le premier prix.

— Cela m'est égal, assure Ricoco. Je veux être libre et heureux!

Et puisque sa maîtresse ne le comprend pas, Ricoco se sauve dans le jardin.

— Vilain Ricoco, tu seras privé de cassoulet. Tu auras du pain sec!

Ricoco emporte son pain dans le jardin. Un ami lui donne un os. Pas un os en caoutchouc. Non. Un vrai. Un os croquant-craquant.

6 mai

l'hirondelle reviendra au printemps

Un soir, en rentrant de l'école, Christine aperçoit une petite boule noire qui s'agite. C'est une hirondelle blessée. La petite fille lui fait un nid douillet.

Elle la dorlote comme un vrai poupon, et rapidement l'oiseau se remet de son accident. Mais peu à peu l'hirondelle perd l'appétit, devient triste. La maman de Christine dépose la cage sur la fenêtre après l'avoir ouverte.

Elle pense que l'hirondelle restera ainsi toute la journée.

Lorsque la petite fille revient de l'école, l'oiseau s'est envolé.

Un matin, très tôt, Christine est réveillée par des "toc-toc-toc" au carreau de sa fenêtre. C'est l'hirondelle qui est revenue. Chaque matin l'oiseau vient maintenant saluer sa petite amie. L'été touche à sa fin, les hirondelles se rassemblent pour partir vers les pays chauds.

Celle que Christine avait soignée vient se poser sur son épaule, c'est sa façon de lui dire au revoir, car elle reviendra sûrement au printemps prochain.

7 mai

le chapeau d'Isabelle

Isabelle étrenne un chapeau de paille.

— Isabelle, viens jouer avec nous, demandent ses camarades.

Isabelle dépose avec précaution le chapeau neuf sur l'herbe et joue à cache-cache.

— Où est mon chapeau de paille? Hélas! il est introuvable, mais l'âne gris s'est bien régalé, et dit :

— Il a le goût du soleil de l'été.

8 mai

Ricette la musaraigne

— Je vais déménager, déclare Ricette à son amie. Ce qu'on mange ici a toujours le même goût. Et la voilà partie.

— A quoi bon trotter quand on peut dormir, lui crie la marmotte.

Dans le bois, elle rencontre un lapin qui déjeune de thym.

— Comment peut-il se régaler de cette herbe qui pique? se dit Ricette.

— Tu manges des mouches? demande Ricette à la grenouille.

— C'est délicieux. Goûte! propose la grenouille.

— Comme j'ai mal au cœur, songe Ricette en la quittant.

— Que grignotes-tu? demande encore Ricette à un charmant écureuil.

— Des noisettes, bien sûr, répond-il en l'invitant à partager son repas.

— Quelle nourriture! s'étonne Ricette. Et je me suis cassée une dent!

— Ah! tu es revenue, s'écrie la marmotte, en la voyant. Une dent en moins et une maladie d'estomac en plus.

— Je crois que je préfère les insectes que je mange ici, répond la petite musaraigne. Mais pour le savoir, il fallait bien que je goûte à tout!

9 mai

ce paresseux de Cagarol

Près de papa et maman Escargot dorment leurs trois petits. Le soleil brille, ce n'est pas le moment de sortir pour les escargots !

Quelle est cette fraîcheur soudain ?

— Il pleut, crient joyeusement les frères de Cagarol. Allons faire un tour !

— En route, ordonne maman Escargot. Mais Cagarol ne bouge pas. Il continue de dormir.

Qu'il fait bon glisser sur les cailloux, boire les gouttes d'eau qui perlent aux feuilles et se laisser entraîner par les petites cascades !

— Où est Cagarol ? interroge brusquement maman. Nous l'avons perdu en chemin ! Il faut le retrouver.

— Vous n'avez pas vu Cagarol ? demande papa Escargot au lézard, puis à la couleuvre et à la grenouille.

Et qui voit-on de retour à la maison ? Ce paresseux de Cagarol qui sort lentement une corne, puis deux.

— Je crois qu'il pleut, dit-il. Si on allait se promener ?

10 mai

le marché

Le marché est coloré.
Tout le monde crie.
— Qui veut mes tomates!
— Qui veut mes salades!
C'est la grande euphorie.
C'est un va-et-vient incessant.
C'est un spectacle toujours changeant.
C'est charmant, gai et coloré
le marché!

11 mai

le jeu de cache-cache

Six lapereaux jouaient à cache-cache.

— Un, deux, trois, c'est toi qui colleras, chantonnait l'un d'eux, en désignant Bruno, le plus jeune.

Ses cinq frères se précipitèrent vers la cachette idéale où personne ne les trouverait, pas même Bruno.

Pendant des heures, il tenta de découvrir l'un ou l'autre de ses frères, tant et si bien qu'il s'égara. Heureusement, maman veillait.

Le jour tomba et les petits joueurs commençaient à trouver le temps bien long.

Aussi, mirent-ils le nez hors de leur cachette et furent-ils très inquiets de constater que Bruno avait disparu.

— Où peut-il bien être ? se demandaient ses frères.

— Je le sais, moi, dit soudain maman Lapin, avec un air de complicité. Il est bien tranquille, au fond du terrier familial et il déguste des friandises. Cela vous apprendra à taquiner votre jeune frère !

12 mai

brin de muguet

Dans le bois, blotti sous la mousse, Marie-Caroline a trouvé le premier, l'unique brin de muguet.

Pâle, tremblant de toutes ses clochettes à peine ouvertes, le muguet a dit à la petite fille :

— Ne me cueille pas, je suis si jeune, laisse-moi vivre un peu.

Et Marie-Caroline l'écouta et ne le cueillit pas.

Alors, il put vivre heureux sa vie de fleur, le pied au frais dans la mousse humide, les clochettes agitées par la brise.

Puis, à l'aube d'un jour chaud, il termina doucement sa vie de muguet.

13 mai

un enfant sur la lune

— Oh ! s'écrie Olivier, j'ai gagné le concours ! Je vais en voyage sur la lune !

La fusée part. Olivier est ravi.

Les cosmonautes vont à la recherche des mines d'or et de diamants. Olivier ramasse des pierres précieuses.

A la fin, il trouve le temps bien long.

— Je n'ai pas de chat, pas de chien, pas d'ami... dit Olivier.

Il fouille dans sa poche et plante une petite graine que maman lui a donnée.

Olivier est très occupé.

Il surveille la petite pousse, il l'arrose et l'abrite du soleil.

Quand le départ arrive, Olivier oublie les diamants et l'or.

Il cueille avec amour la rose parfumée.

— Tiens, maman, voici une rose de lune !

— Comme elle est belle, dit maman, j'avais depuis longtemps envie d'une rose bleue.

14 mai

tu viendras avec moi

Mon enfant, mon enfant tu viendras avec moi découvrir à la fois, dans le vent, dans la joie, parmi les primevères, les fougères, les bruyères, le pays de l'enfance où l'on rêve de rois.

Mon enfant, mon enfant tu viendras avec moi courir après les nuages jusqu'au dernier rivage, écouter dans le vent les vieux rêves d'antan, au pays de l'enfance où tu redeviens roi.

15 mai

Flamme d'Or

Le premier matin du printemps, dans un grand bois doré par les genêts, un petit renard est né.

Sa maman le lèche, le caresse et décide de le nommer « Flamme d'Or ».

Un jour, le renardeau dit :

— Je veux aller seul dans le bois qui sent le miel et le vent sauvage.

Flamme d'Or bondit dans les sentiers.

— Oh ! quel est cet animal endormi sur la mousse ?

C'est un petit garçon.

Flamme d'Or se blottit contre lui. L'enfant caresse le renardeau.

— Reste avec moi, je serai ton ami !

— Hou ! Hou ! fait le hibou. Sauvez-vous ! Voilà les chasseurs et leurs chiens !

— Oh ! fuyons vite ! s'écrie Antoine.

Arrivés au bord de la rivière, Antoine attrape le renardeau dans ses bras.

— Viens, les chasseurs perdront ta trace.

Antoine s'avance dans l'eau, le petit renard contre la poitrine.

Il court vers la cabane des bûcherons.

— Là, petit renard, tu es sauvé.

16 mai

Stella

Au royaume des étoiles, la plus turbulente de toutes se nommait "Stella".

Une nuit, lassée par les innombrables facéties commises par cette benjamine écervelée, la reine des comètes la fit comparaître sur la Voix lactée.

— Je suis lasse de tes sottises, petite, dit-elle sévèrement. Hier encore, il m'a été rapporté qu'un voyageur s'est égaré car tu n'occupais pas ta place habituelle au firmament.

Je te chasse de mon royaume, te voici devenue Etoile Filante.

Sur terre de nombreuses naissances sont attendues dans les écuries royales.

J'adoucis ta peine. Tu marqueras le front de la première pouliche à la robe d'ébène qui viendra au monde en ce beau mois de mai.

17 mai

Pic Poc le hérisson

Maman hérisson est heureuse de promener ses quatre petits hérissons. Elle est fière d'eux.

Mais Pic Poc, le dernier, traîne toujours derrière ses frères. Il a peur d'un scarabée ou d'une grenouille verte aux yeux dorés !

— Tu es maladroit, dit maman hérisson, tu es lambin, tu es peureux. Mon pauvre Pic Poc !

Un peu vexé, Pic Poc se tait. Pourtant, dans le bois, Pic Poc est aimé.

— Il est si complaisant, disent ses amis. Il pense toujours aux autres. Et il est si gai, si rieur. Bravo Pic Poc !

Un jour, Pic Poc disparaît.

Où est-il ? Qu'est-il devenu ?

Un matin, maman hérisson trouve à sa porte une gerbe de roses. Elle s'écrie :

— Pic Poc est devenu un bon jardinier !

18 mai

le bon gâteau

Choupinette aide maman à faire un gâteau aux pommes pour le dîner.

— Comme il est beau !

— Je le mets au four. Surveille-le. Papa se régalera ce soir avec nous.

— Oui, maman. Papa sera content.

Mais les petites amies arrivent.

Le gâteau sent si bon ! Goûtons-le.

Au dîner, Choupinette baisse le nez sur son assiette, le cœur gros.

19 mai

Milou se rend utile

Milou s'ennuie en ce beau jour de printemps, rien ne l'intéresse.

D'ailleurs, il est très seul, ses compagnons, Poussy le chat et Nanon l'agneau blanc sont partis de bon matin à la foire, avec le fermier dans la vieille charrette brinquebalante.

— Tu garderas la ferme, ouvre l'œil et surtout ne fais pas de sottises! avait recommandé le fermier à Milou.

Aussi Milou boude... mais ne tarde pas à s'endormir.

Plusieurs heures s'écoulent... Enfin le petit chien ouvre un œil, puis les deux.

Il est grand temps, car, pendant son sommeil, deux voleurs se sont introduits dans la ferme.

Milou montre les dents, puis aboie très fort et se lance à la poursuite des voleurs qui tentent d'escalader le mur.

Milou est si terrifiant que les deux hommes lâchent bientôt leur butin.

Le fermier sera content et le petit chien, en récompense, ira à la foire la semaine prochaine!

20 mai

Kiki-Kangourou

Kiki-Kangourou se promène avec sa maman.

— Maman, j'ai froid.

— Mon petit Kiki entre vite dans ma poche.

Kiki se blottit dans la poche de sa maman.

— Mais où est donc Kiki? demandent les voisines.

— Il a trop froid. Il se réchauffe.

— Froid par ce soleil ! Il est malade !

Maman Kangourou réfléchit :

— Demain, nous verrons le docteur.

Le lendemain, Kiki est astiqué, frotté.

Maman l'emporte chez le docteur.

— Ouvre la bouche, tire la langue, dit le docteur Kangourou, respire, dit 33... 33... 33... Le médecin palpe Kiki de la tête au bout des pattes.

— Votre fils se porte très bien. Vous le dorlotez comme un bébé !

Apprenez-lui à grandir.

Un jour, Kiki, tu deviendras un monsieur Kangourou.

Depuis ce jour-là, Kiki-Kangourou n'a jamais froid.

21 mai

l'aigle et le moineau

— Je parie, dit le moineau à l'aigle, que, malgré l'envergure de tes ailes, tu ne voles pas aussi haut que moi dans le ciel !

— Ah ! Ah ! Ah ! réplique l'aigle, pari tenu.
Mais j'aimerais bien voir un moustique de ta sorte voler aussi haut que le roi des oiseaux !

— C'est très simple, accompagne-moi, propose le moineau.

L'aigle déploie ses ailes et s'envole haut, très haut dans le ciel, croyant avoir perdu en route le petit moineau.

— Je suis le plus fort et je vole plus haut que tous les oiseaux, pense-t-il.

— Coucou ! me voici ! entend-il tout à coup.
L'aigle cherche partout de quel côté provient la voix.

— Coucou ! au-dessus de toi ! Lève la tête, ironise le moineau à l'aigle, stupéfait.

C'est ainsi que le moineau gagna son pari en se cachant sur le dos de l'aigle et en s'envolant lorsque celui-ci fut arrivé très haut dans le ciel !

22 mai

auprès du moulin

Auprès du moulin
Un joyeux lapin
Se nourrit de thym
Et de romarin,
Et prend un bon bain
Au petit matin;
Fait un bon festin
Avec son voisin,
Et le lendemain
Auprès du moulin
Deux joyeux lapins
Se nourrissent de thym
Et de romarin.

23 mai

quand le printemps

Petit enfant, quand le printemps
vient à chanter sous ta fenêtre.
Petit enfant, quand le printemps
vient à chanter et à renaître,
Toi, chante aussi, chante avec lui !

Petit enfant, quand le printemps
vient à chanter sous ta fenêtre,
Petit enfant, quand le printemps
réveille l'oiseau sur l'arbrisseau,
Toi, chante aussi, chante avec lui !

24 mai

un chat aventureux

Mistigri est un chat gris clair aux yeux verts. Linette lui a mis autour du cou un beau ruban bleu.

Mistigri tout seul s'ennuie. Il décide d'aller se promener dans le bois, à côté de la ferme où il habite.

Le chemin est couvert de fleurs bleues, jaunes, rouges. Mistigri en fait un bouquet pour Linette.

Il grimpe au sommet d'un gros chêne. Il a vu un nid avec des oisillons. Il s'avance de quelques centimètres...

Cependant, la mère des oisillons arrive. Elle bat des ailes, en colère. Le petit chat a peur, recule, glisse, et tombe dans le vide...

Il atterrit sur un coussin de mousse. La tête lui tourne et il a une grosse bosse.

La grenouille verte le soigne à l'aide d'une feuille de nénuphar qui pousse dans l'étang.

La nuit vient. Mistigri retourne chez lui. Il boit du lait et s'endort sur les genoux de Linette.

25mai

adieu Gringalette

Mauvaise nuit! dit le bûcheron, encore deux moutons blessés et hier une chèvre dévorée au village!

— Un loup? demande la bûcheronne.

— On le dit, mais la nuit prochaine, les chasseurs feront une battue et tueront le loup. Sale bête!

— Pauvre loup, pense Corinne, nichée au chaud sous ses couvertures!

La nuit silencieuse des bois enveloppe la maisonnette du bûcheron.

Sans bruit, Corinne s'habille et sort.

Elle marche sous la nuit étoilée.

Elle traverse le bois feuillu et arrive au repaire du loup. Il s'éveille.

— Où vas-tu donc, ringalette? Tu ne sais donc pas que je suis affamé?

— Loup, oh! loup, il faut que je te dise. Une battue est préparée. Ils te tueront.

— Merci. Rentre vite. Adieu Gringalette!

26 mai

les confitures

Viens, suis-moi dans le verger où les arbres regorgent de fruits mûrs. Cueille et dépose dans ton panier ces cerises rondes, un peu sures. Ce soir, dans le chaudron, elles vont mijoter, et, bien vite, seront transformées en confiture.

27 mai

un joli bouquet

Janine adore les fleurs et sa plus grande joie est d'offrir des bouquets. Justement, à l'école, sa maîtresse organise une sortie à la campagne. Janine ne se tient plus de joie. La petite grand-mère à qui elle rend souvent visite n'a-t-elle pas dit, l'autre jour :

— J'aimerais avoir un bouquet de fleurs des champs.

Janine va lui donner ce plaisir. Les fillettes, lâchées dans la nature, organisent des jeux mais patiemment Janine compose un beau bouquet, quand Michèle, jalouse, se jette sur les fleurs qu'elle piétine... Devant les larmes de leur amie, les fillettes abandonnent leurs jeux, et toutes ensemble réunissent les fleurs les plus belles en un gigantesque bouquet, qu'on offre à Janine.

Michèle est mise en quarantaine!

28 mai

les oiseaux en cage

Romain et Corinne aiment beaucoup les oiseaux.

— Tous les oiseaux ne sont pas heureux en cage, dit Corinne, je leur donnerai la liberté. Romain, viens avec moi.

Corinne achète des paquets de graine et pendant que le marchand d'oiseaux fait ses comptes, Romain ouvre les cages...

Vrout ! les oiseaux s'envolent dans le ciel bleu pour chanter leur joie.

29 mai

Poulette Noire

Dans le poulailler, Poulette Noire ne se sent plus de joie. Elle vient de pondre dans la paille dorée, pour la première fois, un bel œuf tout oblong.

— Cott cott cott, chante-t-elle, j'ai fait un œuf, il est pour Gaël.

Le petit garçon va chercher comme chaque jour les œufs au nid. Il s'aperçoit que Poulette Noire a pondu son premier œuf.

— Je te félicite dit-il, il est très beau. Je le mangerai demain, à la coque.

— Cott cott cott, chante Poulette Noire, très fière.

Les autres poules sont désolées. Elles aussi pondent pour le petit Gaël !

Le petit garçon les prend tour à tour dans ses bras.

— Ne soyez pas jalouses... Vos œufs sont excellents. Je félicite Poulette Noire parce que c'est la première fois qu'elle pond. Mais vous êtes toutes de très gentilles poules et je vous aime bien.

Les poules sont rassurées, et elles dansent de joie avec le petit Gaël.

Quel beau jour de mai !

30 mai

l'île et le volcan

Sur une île pleine d'oiseaux très jolis, vivent Ludovic et Sandrine.

Leur maison est faite de planches et le toit est composé de palmes.

Ils mangent des fruits, des poissons et des coquillages.

Un jour, le volcan se met à fumer.

Ludovic va le raisonner :

— Il ne faut pas brûler l'île.

Le volcan se met à rire... Il fait jaillir des sources chaudes où l'on se baigne agréablement.

Les oiseaux et les enfants ont appris à connaître le volcan et vont le voir chaque jour.

Un été continuel s'installe.

Quelle île merveilleuse !

31 mai

le coq du clocher

Sur le clocher, le coq de métal soupire : sa vie est monotone.

C'est bien ennuyeux de tourner à tout moment. Il a envie de voler.

Un jour du mois de Mai, de jolies hirondelles l'emmènent avec elles.

Le coq ne peut ouvrir ses ailes.

Les oiseaux survolent des pays et des mers. Ils arrivent dans un jardin fleuri, celui du petit Hans.

Hans pense que le coq n'est qu'un "oiseau-girouette" et le lui dit.

Le coq est très mécontent. Heureusement, les castors lui font un beau radeau qui lui permet de voyager.

Il revient chez lui. On le remet sur le clocher.

Il se console en pensant qu'il est utile à tous les villageois.

1er juin

les émotions de Souris Blanche

En ce beau matin d'été Souris Blanche en a assez d'être dans sa cage.

Elle pousse la porte d'un coup de patte habile, et la voilà dehors ; sur le carrelage de la cuisine, d'abord, dans le jardin ensuite.

Qu'il fait bon !

Souris Blanche salue poliment quelques oiseaux perchés sur la barrière du jardin.

Elle marche, avec plaisir, parmi les plates-bandes bien entretenues.

Soudain, Matou Noir surgit...

Souris Blanche affolée se cache derrière une grosse feuille de laitue, où Vonia la tortue sort de sa carapace pour montrer son mécontentement.

— Que fais-tu sur mes terres ? gronde Vonia en fronçant les sourcils.

Souris Blanche se dépêche de trottiner ailleurs.

Elle marche sur les pieds de Francis qui arrose le jardin.

— Veux-tu bien retourner dans la cage, dit Francis. Coquine !

Matou Noir arrive en se léchant les babines.

C'en est trop. Souris Blanche monte dans la main tendue et regagne sa cage, où elle se remet de ses émotions.

— Rien ne vaut, songe-t-elle, son chez-soi.

Et, là-dessus, elle grignote avec délices de beaux grains de blé dorés.

2 juin

le petit faon

La maman biche caresse son petit faon avec amour.

— Dors, Bichounet !

Mais Bichounet rêve de passer une nuit à la belle étoile. Alors il se sauve sans bruit, court sur la mousse et saute pour saluer les étoiles :

— Restez, restez, vous êtes si jolies !

Peu à peu les étoiles se sont éteintes.

Alors Bichounet, fatigué, rentre dormir.

3 juin

l'enfant qui allait vers l'automne

C'est un beau jour du mois de juin. Fabrice sort de son jardin. Il va se promener dans la forêt. Des écureuils l'entraînent dans une danse amusante vers le pays de l'automne.

C'est joli. Les arbres sont jaunes rouges, bruns, les lapins sont aussi roux que les écureuils et les oiseaux.

Fabrice allume un beau feu de feuilles sèches. Il s'endort.

Le lendemain matin le petit garçon est seul. Il ne reconnaît plus son chemin.

Il avait pris une route verte, elle est rousse. Alors Fabrice veut peindre un chemin vert. Les castors piétinent la mousse, les blaireaux en font autant pour l'herbe. Ils obtiennent ainsi une « peinture » avec laquelle Fabrice refait le printemps.

Un merle curieux se trempe dans le liquide et devient tout vert. Il est en colère.

Les feuilles jaunes des arbres virent au bleu sous l'action de la peinture.

Un petit rayon de soleil reçoit un coup de pinceau sur le bout de son nez. Il est tout bleu. Il se met à rire. Il trouve que c'est très amusant d'avoir cette couleur.

Les animaux de la forêt sont d'une étrange couleur verte ou bleue. Ils dansent de joie.

Fabrice retourne chez lui. Il raconte ce qui s'est passé à sa maman.

— J'allais vers l'automne, dit-il, j'ai peint le printemps.

— Nous sommes en été, dit la maman, tu rêves.

Si c'est un rêve, c'est une belle histoire. Fabrice la raconte à la chèvre noire.

4 juin

Moricaude la petite chenille

— Je suis une chenille. La nature m'a dotée d'un corps noir et mes poils sont en broussaille. Lorsque j'étais toute petite, mes parents m'avaient surnommée : « Moricaude ».

— « Que tu es laide ! » me disait-ils toujours.

Mes sœurs se moquent de moi.

Tous les insectes que je rencontre m'évitent. Je n'ai aucune amie. C'est insupportable !

Elle pleure à gros sanglots et cache son chagrin sous une grande feuille. Là, ignorée du monde, elle tisse un cocon et s'enferme dedans.

Quelques semaines plus tard, Moricaude sort à grand-peine de son cocon. Sur une branche, en plein soleil, elle étire délicatement ses ailes. Elle est éblouie par toutes les belles couleurs qui brillent.

— Que je suis belle ! pense-t-elle. Je suis devenue un joli papillon.

5 juin

les vacanciers

Cinq poules vivaient tranquilles, libres et heureuses dans la basse-cour.

— Attention ! l'été arrive et les vacanciers seront là. Ils réclameront des œufs, et alors, adieu aux poussins qui font votre fierté !

Les poules sont angoissées. Que faire ? La plus petite, celle dont on se moque à cause de sa fragilité, a une idée : elle engage ses compagnes à pondre dans un coin secret.

La fermière, elle, s'étonne :

— Mes poules ne pondent plus.

Et, quelle n'est pas sa surprise, à la fin de la saison, de se voir en possession de toute une basse-cour !

6 juin

un lapin coquin

Un petit lapin coquin,
Un petit lapin malin,
Du terrier de papa lapin
Est parti un beau matin.

Un petit lapin coquin,
Un petit lapin malin,
Dans le grand jardin voisin
Fit un festin de romarin.

Un petit lapin coquin,
Un petit lapin malin,
Rencontra trois galopins,
Se sauva sur le chemin.
Un petit lapin coquin,
Un petit lapin malin,
S'est caché sous le thym
Jusqu'au lendemain matin.

Un petit lapin coquin,
Un petit lapin malin,
Sans coussin ni traversin
A dormi près du ravin.

Un petit lapin coquin,
Un petit lapin malin,
A pleuré sous le thym
Tant il avait de chagrin.

7 juin

un curieux château de sable

Sur la plage, Christian construit un beau château de sable.

Il le décore de coquillages colorés.

Dans la nuit, quelques crabes renforcent le château en posant des coquilles d'huîtres sur son sommet.

Le lendemain matin, Christian est surpris de voir le travail fait par ses amis de la mer.

Le poisson-scie a aidé le requin-marteau à agrandir le château.

Christian est joyeux.

Il passe de très bonnes vacances.

8 juin

mon ami Sébastien

— Oh! s'écrient les enfants, venez vite, les petits poneys sont sur la plage.

Laurence fait un tour avec sa poupée et dit :

— Un petit garçon a suivi mon poney.

Sophie fait un tour avec Olivier et dit :

— Un petit garçon a suivi mon poney.

Emmanuel s'avance vers lui et demande :

— Pourquoi n'es-tu pas monté sur le poney?

— Je n'ai pas d'argent.

— Ça ne fait rien, dit Emmanuel. Viens avec moi dans la voiture.

Emmanuel est tout content car Sébastien rit maintenant et propose :

— Si tu veux, on fera un grand château.

Et il montera jusqu'au ciel...

Le château ne va pas jusqu'au ciel, mais on est si joyeux de danser, sauter et rire tous ensemble.

La mer grignote le sable du château.

Emmanuel et Sébastien sont grimpés dessus.

Ils se tiennent par le cou.

Ils sont heureux.

9 juin

Agnelet

Agnelet veut se tremper les pattes car il a trop chaud. Il descend vers le ruisseau grossi par l'orage et s'avance dans l'eau mais le courant l'entraîne.

— Au secours! Au secours! Maman! crie Agnelet. Une grosse patte l'amène sur la rive :

— Qui es-tu?

— Je suis le loup qui va te dévorer!

10 juin

Catou prend le train

Catou, le petit chat, allait passer ses vacances en Bretagne, chez son cousin. Pour la première fois, il allait prendre le train.

Catou était très impressionné par cette grosse locomotive qui fumait et grognait. Heureusement, le wagon où il avait sa place était moins bruyant. Catou s'installa dans son compartiment tout près de la fenêtre.

Au bout de quelques minutes, un monsieur en uniforme, avec une casquette blanche, agita un drapeau rouge. Le train s'ébranla lentement.

Puis, les arbres, les maisons, les poteaux, qui ne ressemblaient pas à ceux que Catou voyait sur le bord des routes, défilèrent de plus en plus vite. De temps en temps, la locomotive sifflait pour avertir de son passage.

Bercé par le bruit des roues sur les rails, le cahotement, Catou s'endormit.

11 juin

cueillons des cerises

Le jardin de Lise est magnifique. Les trois cerisiers sont chargés de fruits mûrs.

Lise monte sur une échelle, appliquée le long du tronc du premier arbre.

Lise cueille des cerises rouges, rondes et luisantes...

Elle en met à ses oreilles.

— Quels jolis pendants ! s'exclame Michel.

La pie apprivoisée Turlupinote, aide la petite fille à faire la cueillette.

Elle se sert adroitement de son bec pointu, et picore quelques fruits de temps en temps.

Le merle Filou vient également les aider... Il en mange beaucoup !

— Tu es un gros gourmand ! dit Lise en riant.

De branche en branche, Lise s'est hissée jusqu'à la plus grosse où elle s'installe à califourchon. De là, elle lance des poignées de cerises à Michel qui tend un gros panier.

Quelle belle récolte !

12 juin

le petit lapin polisson

Olivier dépose dans la cabane une brassée de trèfle rose.

— Où est donc le petit lapin gris?

— Il s'est caché dans le trèfle, répond Catherine.

— Non, le petit lapin polisson s'est sauvé par la porte ouverte.

— Est-il sous les fougères?

— Est-ce qu'une bête l'a mangé?

— Est-il parti dans la forêt?

La nuit vient. La lune se lève.

— Le voilà ! Le voilà !

Les enfants réchauffent le lapin et le caressent.

13 juin

la maison qui chante

Yves a bien de la chance. Il habite dans une maison qui chante du soir au matin. De curieuse façon, d'ailleurs, mais c'est très joli !

Dans la cuisine, il y a une pendule en bois. A chaque quart d'heure un coucou sort et crie « coucou ».

La porte de la cuisine grince sur deux notes, lorsqu'on l'ouvre ou qu'on la ferme.

La pendule de la salle à manger carillonne gaiement toutes les heures, et la grosse horloge de l'entrée résonne comme une grosse caisse. Mais le plus étrange est l'escalier qui mène au premier étage. Il est composé de vingt marches et chacune donne un son différent.

Cela fait : cric, crac, do, la, cric, tac, toc, etc...

Et Yves trouve cela très amusant, aussi décide-t-il de former avec tous ces objets un orchestre dont il sera le chef, et il va chercher une baguette dans le jardin.

Yves la choisit avec soin, l'élague de toutes ses feuilles, et retourne dans la maison.

Il établit un courant d'air de façon que la porte de la cuisine fasse un va-et-vient continuel, monte et descend les escaliers pendant que les horloges se mettent à sonner avec un tout petit décalage...

Puis, Yves chante en descendant et en remontant les marches rapidement, accompagné par la porte de la cuisine, le coucou et la pendule.

Attirés par cette symphonie curieuse, les merles du jardin avertissent les moineaux, les mésanges, et voici toute cette gent ailée envahissant la maison d'Yves. Et les sifflements des merles rejoignent le cuicui effronté des moineaux et le chant des mésanges...

Que c'est joli à entendre ! Yves chante encore plus fort que tout...

De plus, un petit vent malicieux souffle sur les volets, et ceux-ci grincent un « Han ! han ! » qui s'ajoute à l'étrange musique de la maison qui chante.

Lorsque maman revient du marché, elle écoute ravie, cette improvisation, et applaudit très fort...

Puis, elle donne des graines aux oiseaux qui se régalent de cette bonne nourriture avant de s'envoler dans les arbres du jardin.

Yves quittant sa baguette, redevient l'enfant de la maison qui a très faim et dévore, séance tenante, une grosse tartine de confiture de groseilles.

14 juin

le petit ours bleu

Un petit bébé est né! La famille a offert des cadeaux mais bébé ne sait pas jouer.

L'ours bleu s'ennuie. Il saute par la fenêtre. Hop là! Il court dans le bois, il grimpe aux arbres, se régale de miel, joue dans le ruisseau.

Quel ours heureux! Il devient grand.

— Toc! Toc!

— Entre.

— C'est moi, l'ours bleu, je suis revenu jouer avec toi.

15 juin

Petito et le cadeau perdu

— Oh! s'écrie Petito, le jeune écureuil, je suis bête! J'ai oublié la fête du grand-père! Il se précipite vers un colis, saute et bondit dans les arbres, s'élance et s'égare dans la nuit froide, tombe au creux d'un arbre.

— Oh! s'écrie Petito, j'ai perdu mon cadeau! Impossible de le retrouver. Enfin, Petito grimpe dans le chêne.

— Petito, quelle joie de te voir!

— Bonne fête, grand-père écureuil! Mais j'ai perdu ton cadeau!

— Tiens, mange cette noix au miel et retourne chez toi. Ta bonne intention me réchauffe le cœur.

16 juin

Kikolo le petit âne

Kikolo, le petit âne de la tour Eiffel, a trop chaud dans Paris inondé de soleil.

Un soir d'été, il ouvre la porte et se sauve vers les Champs-Élysées.

Il plonge dans la fontaine et se baigne sous les jets d'eau.

Il trouve un camion.

Kikolo grimpe, se couche et s'endort.

A l'aube, Kikolo s'éveille.

Il bondit dans les prés enveloppés de brume.

Il goûte l'herbe mouillée de rosée.

Kikolo est heureux en liberté.

Dans un chemin fleuri, Kikolo rencontre un petit garçon qui pousse une brouette.

Henri arrache une poignée de sainfoin.

— Mange, petit âne inconnu, mange!

Kikolo savoure le sainfoin violet.

— Si tu veux, dit Kikolo, je t'aiderai.

— Tu porteras les ballots de luzerne?

— Oui, répond Kikolo, je serai ton ami.

Henri enlace le cou de l'âne.

— Moi aussi, dit-il, je serai ton ami.

Depuis ce jour-là, Kikolo et Henri vivent heureux à la ferme du Moulin Joli.

17 juin

un petit rat

Un petit rat
de Carpentras,
Un petit rat
beaucoup trop gras,
Un petit rat
grignotera
trois cervelas.
Un petit rat
fuyant le chat
se sauvera
et tra la la !...

18 juin

Catherine cueille des mûres

— Un, deux, trois, allons au bois, chante Catherine.

Son panier au bras, elle cueille des mûres. Lapin gris et trois moineaux l'aident dans sa cueillette.

— Je ferai de la confiture, déclare Catherine.

Les moineaux poussent de joyeux « cui cui ! », car les gourmands savent qu'ils mangeront quelques mûres avant qu'elles ne soient cuites. D'ailleurs, ils ne s'en privent pas et picorent dans le panier de Catherine.

— Mon panier est rempli, dit la petite fille, rentrons à la maison.

— Voici de beaux fruits pour faire des confitures. Il me faut du sucre et une bassine de cuivre, dit Catherine en arrivant chez sa maman.

Au bout d'une heure, la confiture fait de grosses bulles et Catherine s'applique à ôter l'écume.

Assis sur un tabouret, Lapin gris remue son nez de plaisir. Il est gourmand et aime bien le sucre. Ce n'est pas un lapin comme les autres.

La confiture une fois cuite, Catherine la met dans des bocaux. Lapin gris lui apporte du papier pour qu'elle les recouvre, pendant que les moineaux picorent ce qui reste dans la bassine.

— Cui ! Cui ! Cui ! c'est exquis, merci, pépient-ils.

Catherine est très heureuse, et elle va se reposer avec Lapin gris sur ses genoux.

19 juin

joli chaton

Sous les beaux liserons
Un très joli chaton,
Fripon et polisson,
Guette les oisillons
Au milieu des buissons.

20 juin

une hirondelle ensoleillée

Il était autrefois un pays où jamais le soleil ne voulait rayonner, parce qu'il ne le trouvait pas assez joli : les arbres y étaient rabougris et n'avaient pas de belles feuilles. Les petits enfants à l'école cherchaient donc à savoir comment était le soleil et ils le dessinaient sur le tableau noir et sur leurs cahiers, comme une grosse boule rouge, jaune ou orangée.

Un jour, une hirondelle, s'en allant vers les pays chauds, fut prise dans une tempête qui l'obligea à chercher refuge dans une maison abandonnée. Lorsque la tempête cessa et que le soleil se remit à briller, l'hirondelle, dont les plumes étaient couvertes de gouttes de pluie, accrocha les rayons du soleil sur tout son corps pour se réchauffer, puis s'envola.

Or, elle traversa le pays gris et elle vit les petits enfants qui la regardaient avec surprise, car elle resplendissait à cause des rayons de soleil dont elle était couverte.

Les enfants battirent joyeusement des mains. Alors, pour leur faire plaisir, l'hirondelle se posa sur la branche d'un arbre chêtif, et aussitôt, celui-ci se couvrit de feuilles vertes. De partout, d'autres hirondelles arrivèrent, crevèrent les nuages et laissèrent apparaître un ciel bleu où le soleil se mit à briller.

Émerveillés, les petits enfants chantèrent et firent des rondes. Et bientôt, dans ce pays gris, un petit bonhomme tout vert, se dépêcha d'arriver, pour faire verdir les feuilles et pousser des fleurs de toutes les couleurs : c'était le fils du printemps.

21 juin

Petite Ourse

Petite Ourse est très contente. Elle s'est aperçue qu'elle pouvait grimper dans les arbres.

— Ne va pas trop haut, recommande son père, un peu inquiet.

Mais Petite Ourse veut attraper les jolis nuages blancs... Soudain, elle fait un faux mouvement et lâche la branche... boum ! Quelle bosse !

22 juin

la grenouille rouge

— Venez tous voir mes trois radis roses.

Papa, maman, grand-père, grand-mère et tante Virginie accourent.

Le lendemain, tante Virginie demande :

— Où est donc ma grenouille verte?

— Oh! répond papa, ce n'est pas une grenouille verte mais une grenouille rouge. Linou-Linette a la rougeole!

Le médecin dit :

— Tire-moi la langue, veux-tu. Tu boiras des tisanes. Tes petits boutons partiront vite.

Maman apporte une tisane de tilleul. Papa remplit des bouillottes chaudes.

— Bravo, Linou-Linette, dit tante Virginie. Tu n'as plus de boutons!

— Tu es guérie, ma grenouille verte.

23 juin

des oeufs étranges

— Coin, coin, coin !

Dame Cane est fort contente, elle couve ses œufs, douze œufs très beaux. Elle va avoir bientôt des canetons et, tous ensemble, ils iront nager le long de la petite rivière.

Couic !... un caneton, deux canetons, couic ! couic ! trois, dix, douze canetons !

Ils sont tous là, superbes. Maman Cane est émerveillée.

— Mes chers petits, comme vous êtes beaux... Mais que vois-je ? Quels sont ces deux oisillons qui ne ressemblent pas du tout à mes canetons ?...

— Nous sommes des coucous, bonjour maman, répondent les oisillons.

Une cane qui doit élever des coucous, quelle horreur ! Pourtant Dame Cane le fait parce qu'elle est une bonne maman.

Quand les coucous ont grandi, elle leur dit :

— Volez maintenant, mes petits.

— Nous ne savons pas voler, mais nous allons essayer de nager, répondent les coucous.

Hélas ! si les petits canards nagent très vite, les coucous risquent de se noyer. Il n'y a plus qu'une solution, les porter sur le dos. Et voilà maman Cane, suivie de ses dix petits canards et portant sur son dos les deux coucous ravis, qui ne pensent qu'à jouer.

— Coucou ! cachons-nous. Coucou ! cachons-nous...

Un jour ils voleront peut-être, mais pour l'instant ils trouvent la vie belle et ils ne désirent pas en changer...

24 juin

Rossignolet

Papa et maman Rossignol sont attristés : leur petit rossignol ne chante pas.

— Essaie, Rossignolet, essaie, répètent-ils chaque jour.

Rien à faire. Rossignolet n'a pas de voix.

Tous les oiseaux du bois ont donné un avis.

Les rossignols ont suivi tous les conseils, mais le petit rossignol ne chante pas.

— Vous devriez voir le vieux hibou de la forêt aux mille chemins.

Papa et maman Rossignol emmènent Rossignolet loin, très loin.

Le vieux hibou a tant lu de livres, il a observé tant d'oiseaux malades, il a tant appris dans les étoiles, chez les Sauvages et près des Chinois qu'il est devenu aveugle...

Avec ses doigts merveilleux, il palpe, il frotte Rossignolet jusqu'au bout des pattes. Il pose des compresses de fleurs sauvages. Et, le jour de la Saint-Jean, au matin, le petit rossignol chanta.

25 juin

le petit veau de lait

— Étienne, tu es invité chez ton oncle Philippe pendant les foins.

— Chic alors! s'écrie Étienne en sautant de joie. Je pars à la campagne!

Étienne cabriole dans l'herbe parfumée.

Comme le ciel est vaste, les soirs d'été, au-dessus des prés fauchés!

— Pauvre petit veau de lait, tu t'ennuies dans l'étable sombre! Viens avec moi, décide Étienne.

Le petit veau est trop heureux de bondir dans l'herbe haute. Étienne se cache derrière les marguerites et les coquelicots.

— Hou! Hou! Hou! cherche-moi, petit veau de lait!

Le veau saute à droite, à gauche, plus loin, plus près, dans le grand champ de foin mûr qui sent le soleil et le vent.

Il sera impossible de faucher!

Étienne a reçu une bonne fessée, mais le petit veau de lait fait des rêves merveilleux...

26 juin

des bouvreuils de Java épris de liberté

En nettoyant la cage de Picoui et Picou, les bouvreuils de Java, la petite Françoise a cassé une plaque de verre.

Picoui met son bec dehors.

Il s'enhardit. Le voilà dans la salle à manger.

Il appelle sa compagne : "Viens"

Picou est ravie ! Elle vole.

Françoise veut les faire rentrer.

Peine perdue. Les oiseaux volent !

Ils sifflent gaiement.

Dominique dit à Françoise de leur présenter des graines dans sa main.

Françoise obéit. Comme les oiseaux sont gourmands, ils viennent picorer.

Françoise les remet dans la cage.

Elle pose celle-ci dehors, sur la terrasse où le soleil brille.

27 juin

l'épouvantail

Toutes les bêtes sortent de la forêt.
Le lapin dit :
— J'ai entendu crier !
Le renard dit :
— J'ai entendu appeler !
L'écureuil dit :
— J'ai entendu pleurer !
— Allons voir dans le champ.

Là, un affreux épouvantail tout démantibulé étend ses bras et pleure :

— Je suis trop laid ! On ne m'aime pas !

— Tu dis des bêtises, disent les oiseaux. Chut ! laisse-nous faire notre nid dans ton chapeau de paille.

— Tu dis des bêtises, disent les lapins, nous te ferons un jardin fleuri.

L'affreux épouvantail est si heureux qu'il est devenu beau dans son jardin de toutes les couleurs où les oiseaux chantent dans son chapeau de paille.

28 juin

Pêche Rose

Pêche Rose habite dans une grande ville du Japon et regrette la campagne : elle pense souvent aux animaux des bois qui étaient si gentils avec elle.

Un jour, Pêche Rose retourne dans la campagne et rencontre l'esprit des bois.

— Viens à mon aide, lui dit-elle, la ville est trop bruyante.

— Retourne en ville, tu y commanderas les feux de signalisation, lui répond l'esprit des bois.

Pêche Rose se rend sur la place.

— Voilà les feux verts, ils laisseront passer les enfants et les animaux de la forêt, déclare-t-elle.

Puis Pêche Rose déclenche les feux orangés, et des musiciens venus de toutes les régions du Japon traversent la place en jouant une belle musique.

Quant aux feux rouges, la petite fille décide qu'ils seront pour les oiseaux. Alors de tous les coins du ciel arrivent des nuées d'oiseaux de toutes les couleurs.

Ainsi, la ville devient le royaume des musiciens, des enfants et des animaux : c'est une bien jolie ville, interdite aux voitures et aux gens grincheux.

29 juin

les étoiles

Françoise s'assied souvent, les soirs d'été, sur le perron de sa maison, et là, elle contemple ses amies, les étoiles, et elle rêve. Le grand chariot la fascine, mais l'étoile du berger l'émeut.

C'est qu'il est arrivé une histoire peu banale à notre amie : elle se promenait seule en forêt; le jour est tombé, et Françoise s'est trouvée perdue. Elle s'est demandé comment regagner sa maison. Alors lui est venue l'idée de suivre l'étoile du berger, et bientôt, les lueurs du petit village lui sont apparues.

30 juin

la robe de dentelle

Mireille a bien travaillé à l'école toute l'année. Aussi, pour la récompenser, sa mère lui a-t-elle promis une robe en dentelle, toute blanche, avec de beaux nœuds roses. Mireille supporte patiemment les essayages. Elle sera belle pour les prix.

Le grand jour arrive. Madame Maximin repasse les rubans lorsqu'un cri lui parvient : Pierrot, son bébé hurle... Laissant là le fer, maman se précipite : le bébé n'a rien de grave, mais les rubans sont en piteux état, roussis et inutilisables.

C'est au tour de Mireille de fondre en larmes.

Alors, vient une idée à la pauvre Madame Maximin, débordée : avisant la poupée de sa fille, à la robe affriolante, ornée d'un joli ruban, elle dit :

— Voilà qui peut servir ! et, de ses doigts de fée, elle entreprend de nouer çà et là, des rubans sur la robe de dentelle. Mireille est ravie.

1er juillet

la marguerite jaune

Sylvie cueille dans le pré une grosse marguerite jaune et en arrache sept pétales qu'elle jette en l'air.

Le premier pétale tombe sur le dos d'un scarabée vert. Sylvie le met à son corsage, en guise de broche.

Le deuxième pétale suit le ruisseau et entraîne Sylvie dans le monde des poules d'eau. Celles-ci pondent de beaux œufs pour la petite fille.

Le troisième pétale conduit la fillette dans le monde des mini-caïmans. Ils ne sont pas plus gros que le pouce et ne mangent que des pâquerettes roses.

Le quatrième pétale fait découvrir à Sylvie le royaume des mini-éléphants blancs, si petits qu'elle en prend un dans chaque main.

Le cinquième pétale emmène l'enfant dans le monde des maxi-girafes où les herbes sont si hautes qu'on dirait des arbres.

Le sixième pétale introduit Sylvie dans le domaine des hortensias bleus qui dansent, chantent et rient.

Le septième pétale lui fait connaître le pays des maxi-papillons : ils sont aussi gros que des avions et ils ont des couleurs splendides : rouge, jaune, bleu, vert !

Enfin, un maxi-papillon prend Sylvie sur son aile et la reconduit dans le pré où elle a cueilli la marguerite jaune qui lui a fait découvrir des choses si merveilleuses.

2 juillet

mystérieuse Minette

La petite chatte de Sandra est morne ; elle se jette sur son assiette, dévore, et retourne dans son panier, dormir.

— Quel appétit a Minette ! s'exclame Sandra, et comme son ventre grossit !

Papa sourit : Ne t'inquiète pas, fillette. Minette va bientôt retrouver sa ligne de jeune fille...

En effet, un beau matin d'été, Sandra est réveillée par des miaulements impératifs. Elle ouvre les yeux, les écarquille : Minette n'est plus seule. Trois petits chats nouveau-nés occupent son panier. Sandra a maintenant l'explication du mystère !

3 juillet

l'aventure dans le bois

Ella part dans le bois, avec son panier, pour cueillir des myrtilles.

— J'ai trop soif, dit Ella, si je trouvais un ruisseau avec de l'eau fraîche !

Elle traverse les hautes fougères qui lui font une maison verte.

— Oh ! dit Ella, les jolies cabanes !

Elle s'approche des ruches pour voir les abeilles rapporter le pollen dans leurs pattes fines.

— Ah ! ah ! dit un gros ours, à la bonne heure, tu vas m'aider, gamine.

Ella a si peur de l'ours qu'elle se tait.

— Tiens, remplis de miel tous les petits pots.

Tu iras les vendre au marché et je te surveillerai. Attention !

Ella remplit les petits pots de miel, suit l'ours au marché, mais bien vite dès que l'ours est occupé, elle se sauve en criant : papa ! maman !

4 juillet

comptine

La girafe
Fait des gaffes :
Elle a crevé le plafond,
S'est fait une bosse au front,
A brouté toutes mes chaussettes
Et avalé mes chemisettes !

5 juillet

Epi d'Or rêve de voyages

Dans une grande ferme, parmi les canards, les oies, les cochons, les brebis et le gros cheval de labour, vit Épi d'Or, le petit cheval.

Une nuit de juillet, au clair de lune ronde, Épi d'Or s'en va à l'aventure.

Il galope, traverse des champs, des plaines. Il arrive dans une région où les chardons poussent. Il n'y a rien d'autre. Le petit cheval n'aime pas les chardons.

Le soleil tape fort. Le petit cheval a chaud. Il voit un petit âne.

L'âne dit à Épi d'Or qui a soif :

— Il y a une rivière à quelques kilomètres.

Épi d'Or et l'âne se mettent en marche. Le petit cheval supporte mal la chaleur.

Ils arrivent dans une oasis. Épi d'Or boit beaucoup. Il a trop bu, il est malade. Il a la fièvre. Il s'allonge sous un palmier. Il voudrait revoir sa ferme et ses amis, les autres animaux.

Un petit garçon tire un mulet. L'âne gris lui raconte les malheurs d'Épi d'Or.

L'enfant donne des comprimés au petit cheval, qui se sent mieux.

Il passe une bonne nuit.

Le lendemain, il repart en compagnie du mulet et de l'enfant.

Il arrive le soir dans sa belle ferme où tous les animaux l'accueillent avec joie.

L'enfant et le mulet restent avec eux, ainsi que le petit âne gris qui arrive un peu en retard.

Épi d'Or ne quittera plus jamais sa ferme, le monde est trop grand.

6 juillet

où est petit renard?

Alberto crie dans le camp :

— Venez, venez voir le petit renard !

Manuel est devenu le meilleur ami du petit renard. Une nuit, Manuel sent une douce chaleur. Renard est là.

— Je crois qu'il m'aime, dit Manuel.

Le petit renard s'est sauvé...

Tout le monde le cherche dans la montagne, dans les bois, au bord du torrent.

Sous les tentes bleues et oranges illuminées, les enfants se couchent, le cœur gros.

Tout d'un coup, Manuel se lève.

Il danse et crie : petit renard !

Aussitôt les enfants s'échappent de toutes les tentes et font une ronde.

Manuel crie :

— Petit renard était caché dans mon sac de couchage!

Les enfants chantent leur joie sous les étoiles.

7 juillet

Grenouille Dix

Maman Grenouille est heureuse, ses filles, au nombre de dix, sont très vigoureuses et d'une belle couleur verte. Mais sa préférée, Grenouille Dix, a peur de l'eau.

— N'aie aucune crainte, Grenouille Dix, regarde tes sœurs et, là-bas, les canards comme ils plongent bien.

Grenouille Dix prend son élan, plouf ! Que l'eau lui semble bonne !

8 juillet

le nouveau pensionnaire

Florence et Caroline partent en vacances.

— Pas de chat en camping, dit maman, il grifferait les coussins de la caravane.

La vieille tante garde le petit chat.

Mais voici que Minou s'est sauvé ! La tante pose un écriteau sur la porte :

« Perdu petit chat tigré ».

On frappe : Toc ! Toc !

— Entrez ! dit la tante.

— Je vous rapporte votre petit chat.

— Merci, mon enfant. Attends ! voici pour toi.

La tante donne trois biscuits.

Le lendemain, Minou repart à l'aventure.

— Toc ! Toc !

— Entrez !

Cinq petits enfants annoncent :

— Nous vous rapportons votre chat.

— Merci, mes enfants. Tenez, voici pour vous.

La tante donne trois biscuits à chacun.

Voïci la caravane !

— Ouf, dit la tante, je vais enfin être en vacances !

9 juillet

Pimm, le lutin de la vallée

Pimm, le lutin a pour tâche de distraire les enfants malades de la vallée. Ainsi, ce soir d'été, ayant entendu l'appel du petit Luc, il accourt et lui demande:

— Qu'as-tu et que puis-je faire pour toi?

— Oh! Pimm, j'ai de la fièvre, et mal à la tête, et je m'ennuie. Je t'en prie, soulage-moi.

— Tu t'ennuies, et pourtant tu es entouré de choses merveilleuses et extraordinaires!

— Quelles choses merveilleuses? questionne Luc, surpris.

— Tiens, regarde, là-haut, ces étoiles scintillant comme des diamants! Sais-tu qu'il y en a des milliards, éloignées de nous par des millions de kilomètres? Et ce papillon voltigeant autour de ta lampe, sais-tu qu'il a commencé par être chenille, puis larve enfermée dans un cocon, et enfin papillon splendide? Et les abeilles de ton jardin, t'es-tu jamais demandé comment elles vivent?

— Les étoiles ... le papillon ... les abeilles ... Oh! Pimm, raconte-moi, s'écrie Luc avec curiosité.

Et, en écoutant les histoires du lutin, le petit garçon oublie sa fièvre, son mal de tête, son ennui, et il rêve à ces êtres et à ces choses extraordinaires.

Alors, Pimm souffle délicatement sur ses yeux et, tandis que le petit garçon s'endort paisiblement, le lutin s'envole au loin, vers un autre enfant malade qui a besoin de lui.

10 juillet

Brigitte et le papillon

Brigitte se dirige vers le pré où les oies s'ébattent, sous l'œil vigilant de Germain, leur petit gardeur et elle s'asseoit à côté de lui.

Soudain, elle voit un superbe papillon rouge et jaune qui vient vers elle. Le papillon ne paraît pas sauvage. Il se pose sur les cheveux de la fillette comme un nœud coquet, puis sur son épaule. Ensuite, il s'envole tout doucement et Brigitte s'élance à sa suite.

Tous les deux traversent le pré, vont près du ruisselet où court une eau bleue et chantante.

Brigitte a chaud, elle se lave le visage et les mains dans l'eau, tandis que le papillon suce le cœur d'une belle fleur qui ne demande qu'à s'épanouir au soleil chaud de juillet.

Brigitte s'amuse tellement avec le papillon, en allant d'un bout à l'autre du champ à la découverte des fleurs et des insectes, qu'elle est bien étonnée en s'apercevant qu'il est midi et qu'il faut aller déjeuner. Mais, après le repas, elle retrouve son ami le papillon qui l'attend dans le pré, et tous deux recommencent à s'amuser.

Et, pendant toutes les vacances, le papillon a été le meilleur compagnon de jeux de Brigitte.

11 juillet

Foli-Fola

Foli-Fola est un petit âne gris qui s'ennuie dans le champ de trèfle rose.

— Où vas-tu, petit train?

— Tchou... Tchou..., je vais à Paris.

— Comme tu as de la chance!

— Viens avec moi.

Et hop, Foli-Fola monte dans le wagon de marchandises. Il se cache derrière une caisse et mange de la paille.

A Paris, Foli-Fola saute sur le quai.

Il court dans la foule.

Foli-Fola est arrêté et enfermé dans une étable noire et étroite.

Ah! comme il regrette les soirs dorés de l'été et la caresse du vent frais!

Il rompt sa corde et se sauve.

Foli-Fola se baigne dans les fontaines et... oust!, il bondit vers la rivière, saute sur une péniche.

Adieu, Paris, adieu!

12 juillet

quand la mer écume

Quand la mer écume
Au bord de la dune,
Quand la mer écume
Au clair de la lune,
Dors, petit enfant, dors.

Quand la mouette plonge
Au bord de la dune,
Quand la mouette plonge
Au clair de la lune,
Dors, petit poisson, dors.

Quand la mouette plane
Au bord de la dune,
Quand la mouette plane
Au clair de la lune,
Dors, petit crabe, dors.

Quand la mer écume
Au bord de la dune,
Quand la mer écume
Au clair de la lune,
Dors, petit enfant, dors.

13 juillet

Frisotin et la marée

— Frisotin, ne t'éloigne pas de moi, dit maman brebis. L'herbe est si bonne ici et l'ombre bleue des pins est si fraîche !

Mais, Frisotin, le petit mouton blanc a bien envie de connaître le monde...

— J'irai jusqu'au bord de la plage, dit-il, je veux regarder la mer.

Frisotin saute sur les rochers et suit un joli chemin de pierres plates. Il découvre une petite île et court sur les varechs.

Il gambade dans l'herbe fleurie et danse parmi les papillons. Il est heureux.

Le soir vient. La mer violette entoure l'île et gronde entre les rochers. Le chemin de pierres est caché sous l'eau.

Frisotin, le petit mouton prisonnier, frissonne.

— Bée, dit-il, maman, où es-tu ?

14 juillet

la fête au village

Le 14 juillet! Les pétards éclatent partout!

Les quatre filles de l'instituteur du village se trouvent sur la place publique et écoutent le garde-champêtre qui annonce le programme de la journée, au son du tambour. Quel programme ! défilé de la fanfare municipale, défilé de majorettes, jeux et concours, etc. A l'écart, Annette voit petit Jules, le garnement du village qui fait des grimaces et se moque du garde-champêtre. Elle sait que Jules n'a jamais un sou, son argent de poche lui étant régulièrement confisqué en raison de ses incartades. Les jeux ont commencé. Les fillettes ont déjà gagné plusieurs lots. Elles s'essaient vainement à la carabine, lorsque Annette s'approche de Jules et lui glisse de l'argent dans la main.

— Tire, Jules.

Le gamin vise... et gagne. Il choisit une magnifique poupée vêtue d'un costume rouge qu'il remet à la fillette. Annette veut qu'il la garde.

Mais, non! Il s'y refuse et s'enfuit, sauvage, mais reconnaissant.

Annette a gagné... un ami!

15 juillet

âne têtu

Ane têtu,
Ane poilu,
Ane bourru,
Ane fourbu,
As-tu couru
Sur le gazon tondu ?

Ane têtu,
Ane poilu,
Ane bourru,
Ane fourbu,
Es-tu perdu
Dans le grand bois feuillu ?

Ane têtu,
Ane poilu,
Ane bourru,
Ane fourbu,
Es-tu vendu
Turlu-turlu-tu-tu ?

16 juillet

farces et attrapes

Jocelyne et Mathieu sont deux garnements. Ils ne cessent de faire des plaisanteries, pas toujours de très bon goût. C'est ainsi qu'ils répondent au téléphone : « Maman n'est pas là... », alors que leur mère accourt à l'appel de la sonnerie. Ou bien : « Ici, ce sont les pompes funèbres... » ; et ils raccrochent.

Un après-midi d'été, une voix leur dit au téléphone : « Vous venez d'être choisis au hasard et avez gagné une grande poupée et un train mécanique. Vous devez vous rendre à l'autre bout de la ville pour chercher vos présents ». Malgré la chaleur accablante, les deux enfants se hâtent. Au rendez-vous, personne ne les attend. Ils reviennent bredouilles !

— Ce ne sont pas toujours les mêmes personnes qui font des plaisanteries, s'exclame leur mère, il faut être bons joueurs !

17 juillet

le jardin après la pluie

Un gros nuage est venu assombrir le ciel de juillet. Un orage violent s'abat sur le jardin de Jérôme... Il y a des flaques partout...

- Quelle chance! disent les grenouilles vertes, justement nous manquions d'eau...

Les oiseaux, par contre, s'abritent où ils peuvent. Les fleurs ne sont pas contentes du tout et l'abeille qui se trouvait dans le cœur de Rose Rouge est trempée.

- Bzzz, Bzz, dit-elle en secouant ses ailes et regagnant sa ruche.

Le vautour va trouver les gros nuages et leur conseille d'aller plus loin.

Les nuages s'en vont parce qu'ils ont peur du vautour.

Voici l'arc-en-ciel. Il brille dans les flaques d'eau, où les grenouilles dansent toutes joyeuses.

Le soleil rit de nouveau, les fleurs brillent de mille gouttes de pluie ensoleillées.

18 juillet

le champ d'étoiles

Kiko, le petit écureuil, est malade. Il ne peut plus quitter son lit.

Maman écureuil soigne Kiko avec amour.

Elle remonte les couvertures et caresse la tête chaude de Kiko.

- Que veux-tu, mon chéri? dit-elle.

- Je voudrais un champ d'étoiles.

Comment lui donner un champ d'étoiles?

Kiko ne peut plus marcher, ni descendre de son arbre, ni monter tout en haut...

Une nuit d'été, tous les amis écureuils viennent et portent Kiko sur leur dos, dans la clairière.

- Oh! mon grand champ d'étoiles! s'écrie Kiko ravi.

19 juillet

Dizzy et la source

Dizzy, l'épagneule, s'en va dans la campagne flairer la terre aux parfums composés. Mais son oreille est basse, son regard découragé. Rien, elle ne sent plus rien!

Cela lui est arrivé avec un vilain bouton sur le nez. Sa maîtresse a bien essayé de lui mettre un pansement et tout le monde a ri. Alors, Dizzy, arrachant la chose, confie sa peine à la source voisine.

Et la source dit :

— Je vais te guérir, plonge ton nez dans mon eau!

Mais l'eau était boueuse, répugnante et la chienne avait des nausées.

— Ne sois pas si délicate, dit la source, pour être belle, il faut savoir souffrir un peu!

Alors Dizzy plongea, replongea sa truffe noire dans le bain et y retourna, tant et si bien qu'un beau jour, ce fut le miracle : son joli nez était guéri! Dizzy, tout simplement, et sans le savoir, avait fait une cure.

20 juillet

la mère-confitures

Tous les gamins la connaissent et tous l'aiment.

La mère-confitures habite à la lisière de la forêt, une maisonnette cachée sous les fleurs.

Chaque été, les gamins du village essuient avec leur pain les bassines et se régalent de fraises, de framboises, de groseilles, de mûres et d'abricots.

La mère-confitures a des rhumatismes. Elle ne peut plus porter ses bassines sur le feu!

Les enfants arrivent à la maison.

— Mère-confitures, laissez-nous faire le feu, nous mettrons les bassines dessus et nous remuerons le sucre et les fruits.

La mère-confitures sourit à tous. Quel régal cette confiture!

21 juillet

un moineau jaloux

Gilles trouve une merlette tombée du nid, en revenant de l'école.

Bénédicte bat des mains. Par contre, Cuicui, le moineau apprivoisé, montre son mécontentement.

— Jaloux ! dit la maman, en riant.

Le moineau ne se laisse pas intimider. Il vole de rage dans le plat de couscous, posé sur la table.

La merlette, effrayée d'abord, est maintenant tout à fait familière.

Elle devient l'amie de Cuicui.

Les deux oiseaux picorent dans les mains de Gilles et Bénédicte, en vacances, qui sont assis sur un banc de la terrasse.

C'est l'été, il fait chaud et les oiseaux chantent dans les arbres.

Gilles et Bénédicte sont joyeux.

Les oiseaux aussi.

22 juillet

l'attente des louveteaux

— Voici les chiens! crie le père loup à la louve et aux louveteaux. Fuyez! fuyez! par la clairière, je les entraînerai vers la rivière.

La louve et les louveteaux se sauvent sous les branches.

Le loup court de toutes ses forces.

Les chiens aboient derrière lui.

Vont-ils attraper le loup?

Les chiens le suivent de si près!

Hop! le loup file à droite, il va de plus en plus vite.

Il saute enfin dans la rivière et atteint l'autre rive.

Les chiens perdent la trace du loup au bord de l'eau.

Dans leur repaire, la louve et les louveteaux, inquiets, attendent.

Enfin, un grand bond, le loup est là, serré contre ses petits.

23 juillet

comptine

L'été est là, dit le mulot.
Courons au champ, le grain est beau.
Les nuits sont courtes, reprend la chouette,
Soyons prudents, le renard guette.

Un agneau s'est égaré,
Cherche, mon chien, dit le berger.
Car sur l'alpage tout là-haut,
Il doit veiller sur son troupeau.

Toute la nuit, à plein gosier
Le rossignol a tant chanté,
Que ce matin, au creux du nid,
Gentil oiseau, s'est endormi.

24 juillet

la balle magique

Par un beau jour chaud de juillet, Stéphanie est dans la forêt. Elle joue à la balle.

Soudain, la balle roule et tombe dans la rivière.

Stéphanie tente de la repêcher. Elle voit une barque. Elle monte dedans.

La barque vogue sur l'eau. Stéphanie récupère sa balle toute brillante au soleil.

Une grenouille monte dans l'embarcation avec Stéphanie.

Il y a une petite île, avec des arbres, des plantes et des lapins.

Ils sont blancs, roux et très gentils. La petite fille serre les pattes des lapins, la grenouille fait de même.

Stéphanie mange des carottes sauvages, des mûres, des œufs de poules d'eau.

Elle dort sur un bon lit de feuilles préparé par les lapins.

Le lendemain, elle s'en va avec la grenouille, en promettant à ses amis lapins de revenir. Les oiseaux les accompagnent.

26 juillet

Jeannot lapin

Un beau matin
Dans le jardin
Jeannot lapin
Le petit coquin
Grignota le thym
Et le romarin.

25 juillet

la cueillette des myrtilles

— Venez cueillir des myrtilles, petits, dit grand-père mais restez près de moi.

C'est merveilleux le bois! on court sur l'herbe, on roule sur la mousse!

Le panier est plein de myrtilles; grand-père appelle :

— Cathy... Jean! en route!

La nuit vient vite. L'ombre bleue emmitoufle les arbres.

Où sont-ils donc? répète grand-père.

— Hou! Hou! Hou! Ah! les diables! Ils ont descendu la combe aux loups!

Enfin, Cathy et Jean s'écrient :

— Te voilà, grand-père, nous t'avons cherché des heures!

— Quelle audace, mes galopins!

27 juillet

un petit loup

Un petit loup tout nu,
Un petit loup hurluberlu,
Dans un grand bois feuillu
A sa mère n'a pas répondu.

Un petit loup tout nu,
Un petit loup hurluberlu,
Dans un grand bois touffu,
Un tout petit loup s'est perdu.

Un petit loup tout nu,
Un petit loup hurluberlu,
Dans un arbre fourchu
A vu l'écureuil moustachu.

Un petit loup tout nu,
Un petit loup hurluberlu,
Sur les sentiers moussus
Danse avec l'écureuil poilu.

Un petit loup tout nu,
Un petit loup hurluberlu,
Dans les grands bois feuillus
Retrouve toute sa tribu.

28 juillet

rataplan

Le gentil cheval fringant
Galope, crinière au vent,
Tout en faisant
Le tour du champ,
L'air triomphant.
Et V'lan ! V'lan ! V'lan !
Et ra ta plan !

29 juillet

le serment du voyou

Edgar habite une superbe villa dont le jardin est rempli de fleurs et d'arbres fruitiers. Mais, Edgar est un petit garçon seul qui s'ennuie. Un soir, il entend un frôlement dans le jardin. Croyant y trouver un chat, il s'y rend à tâtons, lorsqu'il aperçoit un garçonnet aux vêtements usagés, reprisés.

Il s'agit d'Hervé, un « voyou », comme dit le père d'Edgar. Edgar lui dit :

— Tu voles des pêches, et des fleurs.

Hervé, rageur d'être pris sur le fait, explose :

— Ce n'est pas juste que certains aient tant de bonnes choses et d'autres pas !

Edgar est d'accord :

— Tu as raison. Tiens, je vais t'aider à cueillir des roses pour ta mère !

Surpris, Hervé lui serre la main.

— Veux-tu être mon ami?

Et, à l'ombre des arbres croulant sous les fruits, les deux enfants se promettent une amitié solide.

30 juillet

Olivier

Olivier à la plage,
Que fait-il ?
Il nage.
Où va-t-il ?
Retrouver ses copains.
Oh ! la, la, on s'amuse bien.

Dans le bateau pneumatique
Tique, tique, tique, tique.
Il veut faire le fanfaron
Mais il prend un bon bouillon.

Son papa l'a repêché,
Sur la plage l'a ramené.
Olivier est bien maussade,
C'est fini la rigolade...

31 juillet

Béatrice, infirmière

— Cui ! cui ! pépient les moineaux.

Ils volent dans tous les sens. Un de leurs frères s'est cassé l'aile.

Béatrice sort immédiatement dans le jardin.

Le moineau semble avoir très mal.

La maman de Béatrice lui met sous l'aile une petite planche.

Béatrice le soigne pendant plusieurs jours.

Au bout d'un mois, le moineau est rétabli.

Il vole doucement jusqu'à la forêt.

— A ce soir, dit Béatrice.

— Cui ! répond le moineau heureux.

1er août

une gentille souricette

Une gentille souricette
A mangé la savonnette.
Une gentille souricette
S'est cachée dans une chaussette.

Chat ! Chat ! Chat !
Croque, croque,
Chat ! Chat ! Chat !
Croque-la !

Une gentille souricette
A grignoté la chaussette.
Une gentille souricette
S'est sauvée dans la maisonnette.

Chat ! Chat ! Chat !
Croque, croque,
Chat ! Chat ! Chat !
Croque-la !

Une gentille souricette
A dansé dans la maisonnette.
Une gentille souricette
A vidé un pot de rillettes.

Chat ! Chat ! Chat !
Croque, croque,
Chat ! Chat ! Chat !
Croque-la !

Une gentille souricette
A dégusté une bonne omelette.
Une gentille souricette
S'est régalée de côtelettes.

Chat ! Chat ! Chat !
Croque, croque,
Chat ! Chat ! Chat !
Croque-la !

Une gentille souricette
A savouré toutes les galettes.
Une gentille souricette
A dévoré les tartelettes.

Chat ! Chat ! Chat !
Croque, croque,
Chat ! Chat ! Chat !
Croque-la !

2 août

la barque

Sur une rivière claire, une barque de bois sommeille.

Elle se réveille et pense qu'elle devrait faire un beau voyage.

L'aigle d'un coup de bec puissant coupe la corde qui la retient au rivage.

— Tu es libre, barque, dit-il, bon voyage !

Des rouges-gorges, des mésanges à tête noire, des passereaux, des merles se perchent sur les rebords de la petite barque.

Partout sur la rive, s'avancent des lapins, des rats des champs, des taupes, des écureuils.

— La barque s'en va avec les oiseaux, suivons-les, disent-ils.

Tout ce petit monde se dépêche d'arriver dans un très joli pays où il n'y a que des tulipes et des écureuils.

Des tulipes rouges, jaunes, violettes ; des écureuils roux !

C'est justement le bal des tulipes.

— Comme l'on va s'amuser ! dit un lapin à un merle.

Que de chants, de danses, de cris joyeux ! Les oiseaux ont la tête qui tourne, ils ont trop bu de suc de tulipe.

— Je reste ici, dit la barque, une fois le bal terminé, c'est très joli !

3 août

le petit poisson

Les vacances sont arrivées. Les parents de Germain l'emmènent au bord de la mer avec son poisson rouge Isidore, dont on ne peut le séparer.

A midi, le père arrête sa voiture près d'une rivière où il fera bon déjeuner sous les arbres. Germain en profite pour placer le bocal sur l'herbe, tout près de lui.

Mais Isidore fait des bonds, saute du bocal et plonge dans la rivière, à la grande surprise de son petit maître.

Le pauvre Germain a de la peine et ne peut oublier son poisson rouge mais sur la plage il rencontre un chien égaré et l'adopte.

Un jour, le poisson qui a descendu la rivière jusqu'à la mer fait un bond aux pieds du garçon, tout joyeux.

4 août

Petit Pierre

Grenouille verte, l'amie de Petit Pierre, se dore avec lui au soleil, dans le jardin, quand un papillon vient se poser sur une rose.

— Je vais l'attraper, dit Petit Pierre à Grenouille verte.

Doucement il s'approche, la main ouverte. Le papillon ne bouge pas, ce sera facile. Juste au moment où Pierre avance la main à un centimètre du beau papillon, celui-ci s'envole sur une autre rose.

— Coax! tu l'as raté! s'écrie Grenouille verte.

Alors Petit Pierre approche encore plus doucement de l'autre rose. Le papillon rit dans ses ailes, laisse venir l'enfant tout près de lui, puis de nouveau s'envole

— Il a peur d'être mis sous verre, remarque Grenouille verte. Mais si tu ne lui fais pas mal, il reviendra.

Petit Pierre s'assied sur la margelle du petit bassin qui est la demeure de son amie la grenouille. Le papillon revient, il n'a plus peur. Il se pose délicatement sur les cheveux de l'enfant et sur son épaule. Pierre rit aux éclats car il a trouvé un nouvel ami.

5 août

Cici, le canari

Un jour d'été dans sa volière, Cici le canari s'ennuie. Il a chaud. Il a envie d'aller se baigner dans la mare aux canards.

Lili ouvre la porte pour lui donner à manger.

Cici est dehors d'un coup d'aile. Le voilà près de la mare. Un, deux, trois je plonge... Plouf...

Oui... mais je ne peux pas nager, que se passe-t-il? Je coule! Au secours!

- Coin! coin! dit maman cane, voilà Cici qui se noie.

Elle se dépêche de tirer de l'eau le canari trempé et grelottant.

Lili le rejoint. Elle le sèche avec un beau mouchoir, elle lui donne des graines dans sa main. Cici a eu très peur. Il pleure...

Lili le console.

6 août

le nouvel ami

Minou est un petit chat abandonné qui s'ennuie.

Paoli est un petit garçon qui n'est pas parti en vacances.

— Pourquoi as-tu peur de moi? dit Paoli. Je veux être ton ami. Tiens, prends ce morceau de pâté.

Le soir avec Minou dans les bras, il grimpe dans sa mansarde.

Le lendemain, Minou, affamé, miaule.

— Tu as encore faim, dit Paoli, voici du saucisson!

Maintenant, Paoli n'est plus jamais seul.

Minou est là. Paoli lui a donné un vieux panier et un coussin rouge où Minou ronronne de plaisir.

Paoli est si heureux qu'il voudrait que tout le monde ait sa part de joie.

7 août

Samba

Dans la forêt du Gabon, vit Samba le petit Africain.

Chaque matin, il fait sa toilette dans l'eau du fleuve. Il cueille en chantant des bananes et des lianes.

Les lianes contiennent de l'eau.

Elle est bonne à boire.

La mère de Samba pile du mil dans un grand mortier, fait cuire les bananes sur un feu de bois.

Samba cueille des mangues, des ananas excellents.

Un jour, il trouve un pigeon.

Un chasseur l'a blessé.

Samba le ramène à la case, appelle le sorcier pour qu'il soigne le pigeon.

Le sorcier a une coiffure de plumes de toutes les couleurs.

Le pigeon guérit très vite.

8 août

un éléphant sans défenses

Jerry est un éléphant bien malheureux :

Il n'a pas de défenses d'ivoire !

Les autres éléphants se moquent sans cesse de lui.

Jerry, désolé, quitte le troupeau.

Il marche dans la savane africaine.

Le soir, il s'endort au clair de lune.

Un méchant jaguar veut l'attaquer pendant son sommeil. Heureusement le vautour le prévient du danger.

Jerry se sauve dans la jungle...

Un jour, des hommes blancs le prennent dans un filet... Ils l'emmènent dans une grande réserve africaine, très belle.

Tous les animaux vivent heureux.

Ils admirent Jerry... Ils le proclament le plus joli des éléphants.

9 août

le vieux rossignol

— Venez tous voir, dit Raymond, j'ai déniché un vieux vélo!

Les copains entourent la trouvaille.

— Il n'est pas neuf, il est tout rouillé!

— Il est tordu! Il ne roule même pas!

— Nous en ferons un vélo neuf, dit Raymond.

On frotte, on gratte, on graisse.

— Hé! crie Marc, j'ai un pot de peinture!

— A moi le pinceau!

On tire à deux sur le pinceau.

Le vieux rossignol est flambant neuf! Qui va l'étrenner?

— Moi! Moi! Moi le premier!

Les grands soirs d'été et les beaux mercredis, le vieux rossignol n'est jamais seul!

La ribambelle de galopins suit en criant :

— Vive le vieux rossignol!

10 août

Catherine et le loup

Catherine, par ce beau jour d'été, chante dans la forêt : "Le loup va m'attraper...".

A ce moment, le loup sort du taillis.

Catherine toute contente embrasse son ami et joue avec lui.

Un peu fatiguée, Catherine retourne chez elle avec le loup apprivoisé que tous les animaux de la ferme accueillent avec sympathie.

L'été, le loup dort dans le bois.

L'hiver, il vit à la ferme.

11 août

un poisson japonais

Un poisson japonais est seul dans son aquarium. On a vendu ses frères.

Chaque soir, le poisson pleure.

Un matin d'été, Christian l'achète.

En arrivant chez lui, il le met dans un bocal. Il dit :

— Tu t'appelleras Poissonet.

La vie est belle. Poissonet aime beaucoup Christian.

Un matin, le petit garçon part à l'école. Il ne revient que le soir. Poissonet est triste de nouveau.

Christian achète un poisson rouge, qu'on prénomme Poissonot.

Un jour où la maman de Christian change l'eau du bocal Poissonot fait des acrobaties.

Il tombe hors de l'eau entraînant Poissonet qui tente de le retenir.

Sans eau, Poissonot et Poissonet sont mal à l'aise. Ils vont mourir.

Heureusement, Minou miaule pour prévenir la maman. C'est un chat complaisant.

Le soir, Christian donne des sardines à Minou, pour son repas.

Le poisson japonais tourne de joie dans le bocal. Poissonot lui a promis de ne plus faire de sottises.

12 août

un mauvais caractère

Gilbert est un petit garçon au caractère difficile. Ses colères sont terribles. Il hurle et, comme une bête fauve, se jette sur les objets qui l'entourent et les piétine. Sa mère est désolée de lui voir un tel caractère :

— Que deviendra-t-il plus tard, s'il ne peut se contrôler ?

Ses parents sont invités en août dans la propriété d'amis au bord de la mer pour y passer les vacances. Gilbert est heureux : les bains, le soleil, la plage, des amis, que de plaisirs à venir !

Le premier jour du séjour à Cannes, ne voici pas que Gilbert entre dans une colère folle et injustifiée contre le petit garçon de la maison...

Ses parents ne voient qu'une solution : rentrer chez eux. Et Gilbert est privé de vacances.

13 août

Pipoli et ses amis

Pipoli est un petit chien blanc, frisé comme un mouton. Un beau jour d'été, il court après une grenouille verte.

Le soir, il se retrouve tout seul comme un chien mal aimé...

Pipoli se niche dans un creux de broussailles, triste et malheureux.

Ce soir-là, une vieille roulotte décolorée s'arrête pour la nuit.

Olivier s'écrie :

— Oh ! un chien perdu !

— Maman, dit Bella, nous avons trouvé un chien affamé !

Le chien croque les os et savoure les petits morceaux de lapin, puis s'endort sur les genoux d'Olivier.

14 août

Catou et Grison

Catou, le petit chat, part en vacances avec son ami Grison, le petit âne.

Grison n'est pas fâché d'apercevoir le grand panneau « Marseille » car il a les pattes bien fatiguées. Maintenant, il faut trouver le grand-père Grison. Un chat qui parle avec un drôle d'accent les renseigne. Pépé Grison est très content de voir son petit fils et son ami Catou.

Il conduit ses invités à la plage. Catou et Grison n'ont jamais vu autant d'eau. Grison court dans l'eau sans trop s'éloigner du bord. Catou, lui, nage longtemps jusqu'à ce qu'une méchante vague lui fasse boire une tasse de cette eau salée.

Les jours passent trop vite. Il faut déjà penser à rentrer.

15 août

la procession

C'est le 15 août. Frank et Annie se trouvent dans un joli petit village breton et ce dimanche a lieu la procession de la Vierge. Les enfants ont revêtu leurs plus beaux atours.

Maminou, le chat, semble malade, ce matin, il miaule sans cesse. Les enfants sont inquiets mais tante Fine vient les chercher pour suivre la procession.

Frank et Annie prient pour que le petit animal aille mieux, et leur joie est grande de trouver, à leur retour, Maminou, dans son panier, qui les regarde d'un œil serein : il est guéri !

16 août

le requin

C'est l'été. Dans le fond de la mer petit poisson nage sans cesse.

Il fatigue sa grand-mère. Elle lui conseille d'aller se promener en faisant attention au requin.

Petit poisson dit qu'il n'a pas peur.

Il nage parmi les algues; il arrache un pétale à une anémone de mer.

— Vilain!, dit l'anémone mécontente.

Petit poisson voit la baleine.

— Attention au requin! lui dit-elle.

— J'ai du courage, dit petit poisson. Si je vois le requin je le mets en rage.

Il est là, justement... le requin! Il avance à toute vitesse.

Clac! clac! font les mâchoires.

Petit poisson nage le plus vite qu'il peut.

La grosse huître fait prendre un bain à sa belle perle. En voyant le requin elle referme précipitamment sa coquille. La perle a failli être pincée.

L'anémone de mer, toujours offensée, refuse de cacher petit poisson affolé.

La pieuvre ferme la gueule du squale avec un de ses tentacules.

Petit poisson rentre vite chez lui.

17 août

le jeune Hamed

Le jeune Hamed suit ses parents.

Il revient du marché par une chaleur torride. Il a acheté un petit chameau. Il marche dans le désert.

Le chamelon veut être libre.

Hamed le laisse aller.

Le chamelon tout content se met à galoper vers un point d'eau.

Hélas! C'est un mirage.

Hamed lui donne à boire une bonne eau claire dans un sac de toile.

Deux chacals lui disent bonjour.

Ils sont un peu jaloux. Ils sont les amis du petit arabe.

— Nous jouerons tous ensemble, a promis Hamed.

Les chacals sont rassurés.

Ils escortent Hamed et son chamelon jusqu'à l'oasis où il y a beaucoup de palmiers-dattiers.

18 août

des cabrioles

C'est l'été. Catherine fait des cabrioles dans l'herbe fleurie.

Les grenouilles la félicitent et lui demandent de leur apprendre des acrobaties.

Le petit cochon rose a envie lui aussi de faire des cabrioles. La tête en bas, le derrière en l'air patatras! Il a une belle bosse.

Les grenouilles font des merveilles, pas la vache noire. Elle tombe au sol quatre fois. Elle est trop lourde. Tout le monde rit!

La brebis blanche et l'agneau font de leur mieux.

Les mulots font aussi des cabrioles.

Catherine s'amuse beaucoup.

Le jeune poulain Vent-fou réussit très bien la galipette.

Catherine retourne à la ferme.

Les grenouilles plongent dans la mare.

19 août

Sammy le caravanier

C'est décidé, Sammy le jeune lionceau achète une caravane. La jolie petite maison roulante suivant docilement sa voiture, Sammy prend la route des vacances. Il a prudemment chaussé son nez plat d'énormes lunettes de soleil, car le soleil de l'Andalousie brille avec ardeur.

Le soir même, il rejoint sur la piste d'une auberge, une ravissante petite chatte aux yeux de braise qui manie hardiment les castagnettes. "Olé" scande fièrement Sammy.

Il fait décidément bien chaud en Espagne!

Vêtu d'un ravissant bermuda à ramages, il s'entraîne au ski nautique, bientôt suivi par une bande de dauphins sautant à sa poursuite. Hélas! le bateau effectuant une large boucle, Sammy perd l'équilibre et se retrouve très surpris de chevaucher un dauphin.

Le soir même, Sammy l'intrépide prend part à une course de taureaux : il s'agit de ravir une cocarde à un taurillon dont l'œil semble bien féroce!

Sammy regagne sa voiture, la cocarde épinglée sur son bras en écharpe. Pauvre toréro!

20 août

le château

Sylvie et Nathalie passent leurs vacances dans un charmant petit port de pêche, et chaque jour, elles se rendent à la plage; et là, c'est à celle qui construira le plus beau château, qu'elles ornent de coquillages, d'algues. Malheureusement, le château est à peine construit qu'un méchant garnement se précipite et saute à pieds joints sur les chefs-d'œuvre de sable.

Mais, chose étrange, il ne vient pas aujourd'hui.

Les fillettes apprennent que le malheureux s'est blessé au pied, en heurtant, au cours de ses méfaits, une pierre...

La méchanceté est toujours punie!

21 août

un petit oiseau

Un petit oiseau m'a dit :
— Eveille les fleurs
Et le soleil,
Eveille la terre.
Et tout le ciel
Uitt ! uitt ! uitt !

Un petit oiseau m'a dit :
— Eveille les lacs
Et les étangs,
Eveille la mer
Et le printemps.
Uitt ! uitt ! uitt !

Un petit oiseau m'a dit :
— Près du château,
Dans un ormeau,
Le vent
Caressera mon nid.
Uitt ! uitt ! uitt !

22 août

le pinson

C'était un bel été
Que le vent caressait
C'était un bel été
Tout de joie parfumé.

Peut-être que le pinson
L'a dit à la fauvette
Peut-être que le pinson
L'a dit à l'alouette
Peut-être que le pinson
A surpris nos chansons...

23 août

un petit chacal

Dans la forêt vit un petit chacal qui est très gentil.

Un soir qu'il se promène au bord du fleuve Sénégal, il rencontre un flamant rose.

L'oiseau gourmand a mangé trois poissons trop vite. Il est sur le point de s'étouffer.

Le chacal à l'aide d'un bâton pousse les poissons dans le gosier du flamant rose.

Le flamant remercie le chacal et s'envole.

Mamadou arrive. Il n'est pas content il n'a pas pêché beaucoup de poissons.

Le petit chacal appelle le flamant qui veut bien pêcher du poisson pour Mamadou.

En peu de temps, le panier du petit garçon est plein.

Mamadou remercie le flamant et le chacal.

Il retourne chez lui dans sa case ronde, accompagné des singes et de son ami le phacochère, qui aime bien manger les patates douces, cuites au feu de bois.

24 août

saute-mouton

— Béé, Béé, dit Jilo, le dernier mouton né au printemps dans la bergerie d'Aline, jouons à saute-mouton.

— C'est une très bonne idée, admet Aline.

Elle se met à quatre pattes, Jilo saute par-dessus.

Patatras! le voilà au sol sur l'herbe verte, les quatre pattes en l'air. Il n'est pas content du tout.

Aline rit.

— Je vais te montrer.

Elle saute à son tour facilement sur le dos de Jilo, très ahuri.

Le mouton recommence. Patatras! le voilà encore dans l'herbe. Il bêle de désespoir.

— Tu es trop petit, dit l'écureuil Malice qui est l'ami d'Aline. L'année prochaine ce sera parfait.

En attendant Jilo joue à courir avec l'écureuil et Aline.

C'est beaucoup plus facile. Et tous ensemble, ils cueillent des fleurs pour la maman d'Aline.

25 août

Bamboula

Bamboula va au marché de très bon matin. Il a quitté sa case à l'aube; Il arrive sur la grande place. Les marchands l'interpellent, des gens le bousculent.

Bamboula achète du riz, des poissons secs, des œufs, des bananes, et un pagne pour sa mère.

Il met tout cela sur sa tête dans un panier d'osier rond.

Le singe Jungo l'aide. Il en profite pour dévorer deux bananes.

Bousso, l'ami de Bamboula, propose de le ramener chez lui avec son âne gris. Juché sur l'âne, Jungo fait des tas de grimaces.

La maman de Bamboula est ravie du beau pagne. Elle chante.

26 août

Cigalette

Florence, partie en vacances, a oublié Cigalette, sa poupée. La nuit vient.

Cigalette grelotte et pleure.

Le ver luisant lui dit :

— Ferme les yeux et dors.

Le jour, Cigalette joue avec les agneaux.

Mais, le soir, ils rentrent dans la cabane.

Cigalette est seule et a peur. On souffle dans son cou. Est-ce un loup?

— Grosse bête !, dit le mouton brun. Je t'ai donné du lait mousseux dans une corolle de liseron rose !

L'agneau la réchauffe dans sa laine.

Les moutons sont partis vers la ferme.

— N'aie pas peur, Cigalette. Je suis le chien de la ferme.

Grimpe sur mon dos.

— Viens, Cigalette, une surprise !

Florence se précipite vers la poupée :

— Cigalette, comme je suis heureuse !

27 août

le mirage

Bouboule, le petit ours tout rond ne peut pas dormir cette nuit. Il veut cueillir des étoiles. Hop! il grimpe à la cime d'un hêtre. Les étoiles sont trop lointaines... Bouboule regarde l'étang.

— Oh! les étoiles se sont noyées!

Plouf, l'ourson plonge.

— Coa! coa! il rapporte un caillou.

— Quel gros bêta! coassent les grenouilles.

28 août

la belle journée

— C'est trop injuste, les maîtres sont à la mer ! dit le cheval Gris.

— Nous gardons la maison, ajoute l'âne Fripon.

— Allez, allez, en route !

Le cheval, la vache et l'âne partent gaiement sur la route blanche, endormie sous le soleil de l'été.

Quelle joie de gambader sur la plage au bord de l'eau qui écume !

Cheval Gris va à la pêche aux crabes et déniche un crabe vert. Vache Rousse reste au bord et ramasse une panerée de coques. L'âne Fripon fouille les rochers et capture des crevettes.

— Quelle belle journée !

29 août

la petite chouette

Tous les soirs, la petite chouette vient dire « bonne nuit » à Dominique.

Ce soir, elle n'est pas là.

Dominique est inquiet.

Il l'appelle « Chouette, mon amie! ».

Soudain, un battement d'ailes.

La chouette arrive, blessée.

Dominique la soigne vite et l'embrasse très fort.

— Merci d'être venue, lui dit-il.

— Twitt, répond la chouette.

Elle va se percher sur le dossier d'une chaise, et berce son ami.

— Bonne nuit! twitt!

Elle guérira vite.

Quelle gentille amie!

Dominique a bien de la chance.

30 août

le charme de l'été

— Quand vient l'été, dit Suzon, la gourmande, mamy fait des confitures d'abricots et de prunes. Je mets un grand tablier et l'aide à peser les beaux fruits mûrs, le jus sucré coule sur mes doigts.

— Avec grand-père, ajoute Pierrot son petit frère, tôt le matin nous partons à la pêche. Il fait frais sous les grands arbres au bord de l'eau. Je vois les poissons argentés frétiller entre les longues herbes. Parfois l'un d'eux se laisse prendre à l'hameçon, mais bien vite je le détache.

Parfois, nous passons toute une journée à la ferme. Alors, avec Jean mon ami, nous conduisons les moutons sur l'herbage. Pendant qu'ils paissent, nous bâtissons une hutte avec des branchages, ou encore nous construisons un barrage pour dévier une rigole.

L'été est la plus belle des saisons.

31 août

la marelle

— Je m'ennuie Isabelle. Et ne sais que faire de mes dix doigts.

— Mais, petite amie, jouons à la marelle. Un, deux et trois. Allez ! C'est à toi.

1er septembre

les mésaventures de Plumetis

Pour aider les petits mandarins à faire leur nid, Gilles a ramené une poignée d'herbes à demi-sèches.

Les petits oiseaux sont très contents. Plumetis, le moineau apprivoisé qui vit en liberté, décide de picorer un peu de cette herbe.

Hélas ! un morceau se plante dans son gosier et il sent qu'il étouffe.

Vite, il vole dans la maison à la recherche de Gilles.

Le petit garçon comprend vite que le moineau n'est pas bien. Il a le bec ouvert, les pattes crispées.

Gilles fait boire immédiatement Plumetis, le frictionne vigoureusement.

Le moineau va mieux. Il a réussi enfin à avaler le bout d'herbe.

Désormais, il vaudra mieux pour lui picorer les graines et les feuilles de salade que lui donne le petit garçon.

2 septembre

Ratonet, le rat des champs

— J'ai une lettre pour vous, dit monsieur Mulot, le facteur, à la maman de Ratonet.

— Quel ennui ! répond la maman en lisant la lettre, le cousin Citadin est malade. Je vais aller le voir.

— Je serai sage, promet Ratonet.

Dès que sa mère est partie, il va jouer avec son ami, Papillon bleu.

Il voudrait voler comme lui.

Papillon fabrique des ailes en papier pour Ratonet qui saute et tombe.

Quelle bosse !

Ratonet cueille le long du pré des fleurs pour faire plaisir à sa maman.

L'alouette annonce qu'il est midi et qu'il faut aller déjeuner.

Ratonet retourne chez lui.

Lapin gris le ramène sur son dos. Il va très vite...

3 septembre

Nicolas le rêveur

— C'est en automne que je m'amuse le mieux, soupire Nicolas le rêveur.

Les sous-bois se parent des plus belles couleurs, les hêtres sont teintés de pourpre et chaque feuille de bouleau est d'un or délicat. Lorsque je serai grand, je serai peintre et mettrai sur ma toile les merveilleux coloris que j'aime tant.

Je cueille les châtaignes luisantes sur la mousse sèche et roussie, et je sais dénicher au fond des taillis les girolles dorées et les cèpes rebondis.

Pour décorer la classe, nous collons sur de grandes pages blanches les feuilles desséchées aux nervures délicates.

Je guette sous les chênes la course des écureuils transportant leurs provisions. Ils savent où trouver noisettes et faines sauvages. Je partage avec eux les noix savoureuses, ils sont mes amis. L'hiver, souvent, je les nourris, lorsque la faim les tenaille, leurs provisions épuisées.

L'automne est ma saison favorite.

4 septembre

Dinou et la trompette

Dinou l'écureuil se promène sur la plage. Il aperçoit un objet étrange.

Il pose avec prudence sa patte sur l'objet.

La grosse tortue de mer lui conseille de souffler dans l'objet.

L'écureuil approche son museau de la grande ouverture, il reçoit du sable dans l'œil après avoir soufflé.

Il souffle de l'autre côté très fort. Un son puissant en sort. Il fait un bond. Il a eu peur.

La tortue lui montre comment se servir d'une trompette.

Dinou appuie sur les trois touches, et il souffle. Il en sort un air qui ressemble un peu à la chanson « au clair de la lune ».

La lune apparaît et les lucioles s'allument. Le bal commence.

Le renard danse avec la fouine, la tortue avec le hibou, le lièvre avec la belette, le papillon avec l'escargot, le rat des champs avec l'araignée des jardins.

On s'en donne à cœur joie.

5 septembre

les escargots bleus

Marine et Olivier marchent dans le bois.

— Cherchons des escargots bleus, dit Marine. Hé! Olivier, attends-moi, attends-moi! Je ne veux pas être mangée par le loup!

Les enfants s'arrêtent.

— Quel est ton sentier?

— C'est celui-ci, je reconnais la bruyère.

— C'est celui-là, je reconnais les champignons!

— Prenons chacun notre sentier, décide Olivier.

— Et si je rencontre le grand ours qui écrase tout ? Qui me défendra ?

— Moi, répond Olivier, tu verras. Viens par ici.

— Olivier, nous sommes perdus!

— Non, dit Olivier.

— Alors on va marcher toute la nuit?

— Non, on fera le tour de la terre!

Déjà, la nuit tombe. Le bois devient bleu, violet et puis tout noir. Marine a peur.

Des bêtes se sauvent sous les fougères.

— Donne ta main, propose Olivier.

— Écoute, dit Marine. Chut ! Tu entends ?

— Hou! hou! hou! hou! hou! hou!

Des lumières dansent entre les arbres.

Enfin, Marine et Olivier crient :

— Papa ! papa ! te voilà !

6 septembre

la petite feuille

Tout en haut d'un chêne une jolie feuille se lamentait.

— Que c'est donc triste de rester ainsi toujours attachée, prisonnière d'une frêle tige verte. Comme j'aimerais m'envoler, moi aussi, telle l'alouette, afin d'explorer le vaste monde et frôler gracieusement cet étang qui miroite au pied de cet arbre stupide qui me retient.

Jour après jour, la petite feuille pleurait sur son sort, indifférente aux caresses du soleil et à la brise légère. Puis, un matin, le vent fraîchit, les premiers marrons roulèrent au sol. Arrachée à sa tige la petite feuille s'envola loin, très loin de l'arbre familier. Survolant l'étang ridé de pluie, entraînée par la bourrasque, elle échoua, frissonnante, contre un taillis. La grande aventure tant souhaitée se terminait cruellement.

Soudain, une petite voix claire retentit gaiement.

— Oh, regarde maman la jolie feuille, la première de l'automne! Emportons-la pour décorer la salle de classe.

Sur un beau mur blanc, une feuille rousse;

— Comme c'est joli! disent les enfants.

7 septembre

le petit cochon de lait

Le petit cochon de lait,
Il est tout barbouillé.
Le petit cochon de lait
Ne veut pas se laver,
Oh ! quel vilain cochon de lait !

Le petit cochon de lait
A voulu être aimé.
Le petit cochon de lait
Est devenu propret.
Quel charmant cochon de lait !

8 septembre

Cadichon l'ânon

Le père Mathurin est un homme content car il possède Cadichon, le meilleur ânon du village.

Il n'en est pas de même pour le petit âne qui trouve sa vie bien ennuyeuse entre la charrette qu'il doit tirer et son étable de torchis, étroite et sombre.

Un jour qu'il en a vraiment assez, il se détache et part très tôt.

— Où vas-tu ? lui demande le coq.

— Au bord de la mer, car j'ai besoin de vacances, répond Cadichon.

L'ânon trouve la plage de sable fin bien agréable mais ce qui l'étonne le plus, c'est la mer avec ses marées.

Il passe deux jours merveilleux, mais il faut bien rentrer...

Un matin, le père Mathurin le retrouve dans l'étable mâchonnant son foin quotidien.

— Les vacances sont finies, Cadichon, dit le vieux bonhomme en le caressant, tout heureux d'avoir retrouvé son compagnon.

9 septembre

le premier jour d'école

Marco, le fils aîné de Madame Dupuy, doit aller à l'école pour la première fois. Il a un peu peur de quitter la maison familiale, où il se sent protégé, pour affronter un monde inconnu. Sa maman a beau lui promettre une belle trompette, qu'il assistera à un spectacle de marionnettes... Rien n'y fait. Il ne veut pas! Il le faut pourtant, s'il veut devenir un garçon « savant », et capable de lire de belles histoires, et sa mère va le conduire à l'école.

Devant la porte, un petit garçon hurle. C'est Luc, l'ami de Marco qui s'accroche à la robe de sa mère.

Alors, Marco s'indigne :

— Un garçon pleurer! Quelle poule mouillée, et il tire Luc par le bras pour franchir fièrement la porte d'entrée!

10 septembre

l'automne

Déjà Septembre,
voici la pluie.
Petits oiseaux,
rentrez au nid.
Les livres neufs,
et les cahiers,
sur les pupitres,
sont alignés.
Pleins de courage,
les écoliers
à leur ouvrage,
vont s'appliquer.
Tous les dimanches,
en liberté,
dans la forêt,
ils pourront jouer.
Septembre s'habille
d'or et de roux,
pour nous séduire.
Réjouissons-nous!

11 septembre

le petit nuage

Dans le pré, les fleurs des champs ont très soif. Le soleil est si chaud.

Brigitte les arrose avec son petit arrosoir. C'est insuffisant!

Dans le ciel, voyage un petit nuage bleu.

— Peut-être a-t-il de la pluie? dit Picui, l'ami moineau de Brigitte.

Il vole jusqu'au nuage, et lui apprend que les fleurs des champs ont soif.

Le petit nuage verse gracieusement une douce pluie fine et rosée qui fait du bien aux fleurs.

Elles relèvent la tête, elles retrouvent leur couleur rouge, bleue, jaune.

— Merci petit nuage, merci petit moineau, disent-elles...

Le petit nuage s'en va maintenant verser sa douce pluie sur un autre pays.

12 septembre

Sophie et les champignons

Panier au bras, Sophie se promène dans la forêt, et cherche des champignons.

Son chien Médor la devance, joyeux, en aboyant.

Tiens! un champignon. Il n'est pas bon. Jetons-le. Voici un cèpe.

Celui-là est gros et excellent.

Voici un lactaire délicieux!

Le panier se remplit.

Le papa de la petite fille trouve d'autres cèpes superbes.

Maman préparera ce soir une bonne omelette.

Sophie se régale d'avance.

Elle chante. Médor remue la queue de joie. Il aime la forêt en automne. Elle est très belle.

13 septembre

Hélène va à l'école

— Tu es grande maintenant Hélène, dit maman. Tu iras à l'école avec les petits enfants du voisinage.

— Oh! oui, répond la petite fille ravie.

Elle chante tout le long de la route en tenant sa maman par la main.

Mademoiselle s'avance en souriant :

— Ah! voici Hélène! Ton tablier fleuri est bien joli! Viens voir la classe.

C'est amusant, l'école! On chante, on écoute l'histoire des petits cochons.

— Maman! Maman, j'ai une belle image, j'ai été sage, regarde!

Le lendemain Hélène demande :

— Papa et maman, venez à quatre heures.

— Où est notre petite Hélène? demande papa. La voilà! Elle danse toute légère dans un tutu en papier orange.

Hélène est heureuse d'avoir une école où l'on fait des choses si intéressantes!

14 septembre

le poney

Éric court tout l'été avec son poney. Mais la rentrée des classes arrive. Éric retrouve ses camarades.

Le petit poney se sent oublié...

— Tant pis! dit-il, puisqu'on ne s'occupe pas de moi, je prends la clef des champs jusqu'au printemps.

Voici pourquoi le petit poney galope seul sur tous les chemins, crinière au vent.

15 septembre

Cochonou et le fermier

— Viens, Cochonou, dit le fermier, nous allons dans la forêt.

Au pied d'un chêne, le fermier s'arrête et commande à Cochonou de chercher des truffes.

Le petit cochon se met au travail, mais quand il a trouvé une truffe, le fermier la lui prend et la met dans le panier.

Cochonou n'est pas content et à la dixième truffe, il s'en va en courant.

La taupe, le renard, le hibou lui demandent pourquoi il ne travaille plus.

Cochonou leur apprend qu'il ne mange pas les truffes qu'il trouve. Pas une seule!

Les animaux des bois prennent la défense de leur petit ami.

Ils entourent le fermier et lui font promettre de récompenser le petit cochon.

— Entendu! dit le fermier, Cochonou aura trois truffes.

16 septembre

une petite noix

Une petite noix se trouve toute seule sur un gros noyer.

Elle regarde les champs et les bois. Elle est contente.

Le vent s'ennuie. Il souffle très fort et détache la petite boule brune qui se met à rouler tout le long du pré.

Marinette cherche des colchiques. Elle voit la petite noix, elle la ramasse.

La noix glisse de sa main et se remet à rouler très vite.

Marinette la suit. Elle passe dans le bois où il y a beaucoup de champignons.

Elle arrive dans le pays des noix, où il y a de grandes réjouissances pour le mariage du prince des noix.

Marinette danse avec les noyers, les lapins, les cerfs.

Elle boit du vin de noix, mange des gâteaux de noix.

Elle retourne chez elle en disant adieu à la petite noix qui a enfin trouvé son vrai pays et qui est bien contente d'y rester toujours.

17 septembre

le chasseur et Didi

Didi et ses petits nagent sur le lac. C'est une belle journée d'automne.

Dans le taillis, Frédéric, le méchant chasseur, a décidé de tuer l'oie.

Grognon, le vieux chien de la ferme, suit le chasseur. Il ne l'aime pas.

— Méfie-toi ! dit-il à Lièvre roux, Frédéric chasse.

Le lièvre détale à toute allure.

Pourtant, Frédéric semble surveiller autre chose. Quoi ?

Grognon aperçoit Didi. "C'est elle qui va être tuée. Il faut que je la prévienne. Ouah ! ouah !"

Il aboie si fort que Frédéric est en colère.

Didi ainsi prévenue, se cache avec ses petits, dans les taillis.

Elle va à la ferme, et met, dans l'eau, l'oie en plastique de Danielle.

Frédéric n'en croit pas ses yeux.

— Didi se moque de moi ! elle va voir.

Il veut poursuivre Didi, et pose son fusil par terre. Mais, Grognon se dépêche de le prendre dans sa gueule et de le cacher !

Didi et ses oisons, ainsi que la petite Danielle le félicitent et rient de bon cœur.

Furieux et penaud, Frédéric rentre chez lui.

18 septembre

le père Chaussette

Paulette part dans le bois avec Pimprenelle sa poupée et deux pommes rouges.

Fatiguée, elle s'endort sur un tronc d'arbre.

Un rire la réveille :

— Hé ! hé ! petite !

Paulette a peur :

— Oh ! père Chaussette !

C'est un vieux bonhomme mal vêtu, mal chaussé, avec une barbe embroussaillée dans un visage ridé et deux yeux très bleus comme si le ciel s'y était noyé.

— Tu t'es perdue, petite ?

Paulette n'ose pas répondre.

— Viens, je te mettrai sur le bon chemin. Montre-moi ta poupée. Elle perd ses bras ! On va arranger cela.

Côte à côte, le vieil homme et l'enfant avancent.

— Cette cabane est mon domaine. Entre !

Paulette hésite. C'est peut-être un sorcier ?

— Tiens, assieds-toi et, pendant que je rafistole ta fille, mange une tartine du miel de mes abeilles.

L'enfant se régale.

— Je reviendrai, dit Paulette. Merci, père Chaussette.

19 septembre

un écureuil coquet

Par ce beau matin de septembre, Janine aide sa maman à étendre la lessive.

Dans un seau en plastique jaune se trouvent des épingles à linge, de toutes les couleurs.

L'écureuil apprivoisé Nigoldet se demande si, avec ces objets, il ne pourrait se rendre beau.

Il met au bas de son oreille une pince à linge en guise de boucle d'oreilles. Cela pince et fait mal.

— Aïe! Aïe! crie Nigoldet.

Janine vient à son secours en riant.

— Quel stupide écureuil tu fais!.. Si tu veux avoir des bijoux, je te ferai un joli collier de perles tout à l'heure.

Dès qu'elle a étendu la lessive, Janine enfile sur un fil de nylon des perles rondes, bleues, rouges, jaunes, transparentes, qu'elle passe ensuite autour du cou de Nigoldet.

Le chat miaule. Il veut avoir un collier semblable. Janine, une fois encore, se met à l'ouvrage. Ensuite, elle confectionne un collier pour elle.

Le chat, l'écureuil et la petite fille, ainsi parés, vont dire bonjour aux écureuils de la forêt qui font leurs provisions pour l'hiver.

20 septembre

le macaque

— Siméon est beau ! dit Julia, fière de son singe, fringant animal joliment costumé.

— Beau ! Un vrai macaque, lance son frère avec ironie.

Julia, mécontente, le met au défi :

— Je parie qu'il monte mieux que toi aux arbres.

— Impossible ! Je suis passé maître dans ce genre d'exercice, dit le garçon.

On choisit un arbre et le frère de Julia s'apprête à grimper jusqu'à la cime, tandis que Siméon y arrive déjà.

Penaud, le garçon admet que l'animal ne manque ni d'habileté, ni de grâce.

21 septembre

la chasse

L'automne est déjà là, et la chasse commence.

Petit Paul a tenu à accompagner son père.

— Tu es si sensible, s'est écrié maman, tu supporterais qu'on tue un petit lapin devant tes yeux ?

— Je veux aller avec papa, a insisté petit Paul.

Les voilà partis. Papa ne peut arriver à tirer, car à chaque instant, petit Paul pousse des cris perçants, remue les arbres et les feuilles.

— Hé! Hé! nous reviendrons bredouilles, si tu ne te tiens pas tranquille, grommelle son père.

Soudain, petit Paul découvre un lapereau, la patte serrée dans un piège de braconnier...

C'est ainsi que maman voit arriver de vaillants chasseurs portant un lapin blessé dans les bras.

— Je te ramène un ami, s'exclame Paul, radieux.

22 septembre

la boîte aux lettres

— Tiens! La vieille dame est partie, sa boîte aux lettres reste ouverte. Faisons-lui une surprise.

Les enfants déposent des fleurs dans la boîte vide. Mais la vieille dame ne revient pas. Est-elle chez ses enfants? Ou bien à l'hôpital?

Les fleurs sèchent et un jour, dans ce foin parfumé, une alouette fait son nid. Quand la vieille dame rentre, elle pousse la barrière de son petit jardin.

Des oiseaux l'accueillent en chantant :

— Tuit! Tuit! Tuit! et s'élancent dans le ciel bleu.

— Comme je suis heureuse! s'écrie la vieille dame, les oiseaux ont choisi mon jardin!

23 septembre

Mistigrette

— Miaou ! miaou ! miaule Mistigrette en avançant sur le chemin qui conduit à la forêt, on a donné mes chatons... Je suis bien triste !

Et elle pleure à gros sanglots.

En l'entendant, la famille Écureuil est toute émue. Maman Écureuil a beaucoup de petits enfants. Elle descend donc très vite de son arbre, va à la rencontre de la pauvre chatte, et propose de lui prêter trois petits écureuils.

Mistigrette est bien contente. Elle grimpe dans le chêne pour faire la connaissance de ses futurs enfants : ils sont bien jolis et ils ont un beau panache.

— Nous habiterons ensemble, déclare maman Écureuil.

C'est une nouvelle vie pour Mistigrette, désormais elle vit avec les écureuils. C'est bien agréable. Les trois petits écureuils l'aiment beaucoup et la suivent quand elle va se promener dans le bois. Mais ils ne veulent pas manger de souris, ni de rats des champs. Ils préfèrent les noisettes.

Cela n'a pas grande importance du moment qu'on s'entend bien.

Mistigrette ronronne de joie. Plus jamais elle ne retournera dans son ancienne maison. Elle préfère rester avec les animaux de la forêt.

24 septembre

la rentrée des classes

Les vacances sont terminées et Maxime prend le chemin de l'école. Un cartable neuf sur le dos, une jolie blouse bleue, et un plumier qui fait son admiration. Dans la cour de récréation il aperçoit, seul à l'écart, David, enfant pauvre, honteux de sa blouse râpée que ses frères ont portée bien avant lui. Il se dirige vers David :

— Salut, mon vieux! et ces vacances?

— Je suis resté à Paris, répond le gamin.

Maxime songe à ses magnifiques vacances à lui, en Italie, ce pays où le ciel est toujours bleu, où les gens parlent une langue colorée avec de grands gestes, aux cris de joie que poussait sa mère enthousiasmée : « Que de merveilles, ici! Comme c'est beau! », et voit le petit garçon pâle, près de lui, qui cette année encore, ravira les premiers prix.

— Ah!... je t'ai ramené un souvenir de mon petit voyage en Italie...

Et, Maxime lui offre le plumier qu'il avait tant convoité.

25 septembre

Poulain Sauvage

Poulain Sauvage a tant couru, seul après le vent et les nuages dans les vastes plaines qu'il s'arrête, essoufflé.

Des odeurs d'herbes brûlées se mêlent au vent du soir dans le grand silence qui précède la nuit.

Poulain Sauvage descend vers une fumée bleue et découvre un ruisseau.

— Comme tu avais soif, Poulain Sauvage, dit Paul en caressant le beau pelage brun.

Poulain Sauvage regarde l'enfant et répond :

— J'avais soif d'eau pure et d'amitié.

— Reste près de moi, Poulain Sauvage, je te construirai un abri de roseaux.

Poulain Sauvage pose sa tête sur l'épaule de Paul.

— Je resterai près de toi. Je t'emporterai au grand galop sous la nuit étoilée et nous attendrons l'aurore pour dormir.

26 septembre

le chamois et le loup

Petit chamois cabriole dans le parc.

— Tiens, on a oublié une échelle!

Petit chamois escalade la clotûre, s'élance dans la montagne fleurie.

Hou! Hou! Qui appelle? Un loup!

— Bonjour chamois, dit le loup affamé.

— Bonjour loup, répond le chamois.

— J'ai besoin de dévorer...

— Suis-moi dans le parc, on te nourrira, nous serons amis.

27 septembre

la grande course

— Cheval Ardent, dit le sanglier, tu feras la course de chevaux.

Le renard, la biche et toutes les bêtes de la forêt répètent :

— Cheval Ardent, tu feras la course.

Alors Cheval Ardent s'entraîne tous les jours dans la forêt.

— Encore trois jours ! crie le geai.

Mais, ce soir-là, un cerf a traversé la clairière et a heurté durement Cheval Ardent.

Toutes les bêtes soignent le cheval :

— Vite, un cataplasme d'herbes qui guérissent.

Petit cheval, tu pourras courir quand même, tu verras.

Le petit cheval est déçu.

C'est aujourd'hui la grande course!

Cheval Ardent court très vite.

— Je n'ai pas gagné, dit-il tristement.

— Ça ne fait rien, répondent ses amis, tu as bien couru et nous sommes tous fiers de toi.

Bravo, Cheval Ardent !

28 septembre

une grappe de raisin

Une année, au cours des vendanges, se produisit un fait curieux! Une grappe de raisin se mit à grossir à tel point que ses grains furent aussi gros que de gros ballons ronds.

Entre ces grains vinrent habiter des oiseaux de toutes les couleurs et de toutes les espèces, puis des lézards, des papillons, des rats des champs. Ce fut là une curieuse demeure car, au lieu de se dessécher, les grains formèrent une carapace solide qui résista au froid de l'hiver, à la pluie, au vent et à la neige.

Les petits habitants des lieux rendirent cette habitation si agréable que tous les oiseaux gelés de l'hiver, les rats des champs affamés, les petits écureuils vinrent y trouver refuge.

Puis, autour de cette immense grappe, des haies d'épines se dressèrent et firent de ce petit monde à part un royaume étrange où quelques animaux vécurent une existence très paisible.

Ainsi, jamais aucun homme ni aucune bête malfaisante ne purent pénétrer dans cette grappe immense et magnifique qui faisait le bonheur de gentils animaux des bois.

29 septembre

Nanette et Martine

C'est mercredi et il pleut. Nanette tourne en rond dans sa chambre, rien ne l'intéresse. Martine, sa petite amie ne viendra pas car Nanette a vraiment été très méchante avec elle hier, à la sortie de l'école.

— Aide-moi, lui dit maman, prends un chiffon et frotte ce meuble !

Nanette frotte, sans enthousiasme.

— Qu'as-tu donc ? lui demande maman.

La fillette raconte ce qui s'est passé.

— Tu n'es pas gentille, conclut maman.

Soudain, la sonnette retentit. Nanette se précipite à la fenêtre.

— Hourra ! C'est Martine !

— Quelle bonne petite amie tu as là, il ne faudra plus lui faire de la peine, recommande maman.

— Plus jamais, promet Nanette en courant ouvrir la porte à Martine.

30 septembre

l'histoire de Koali

Dans un gros eucalyptus, vit Koali, un gentil koala.

Il descend de son arbre pour voir du pays.

Il voit des fleurs rouges, bleues et jaunes. On dirait des papillons !

Koali rencontre un lapin blanc.

Il le salue, refuse de manger les feuilles de salade, et arrive enfin dans un jardin.

Au fond, se trouve une maison, petite. Arielle dort dans sa chambre avec son ours en peluche.

Koali se glisse à la place du jouet.

A son réveil, Arielle est heureuse d'avoir un si gentil petit ami.

Le soir Koali repart. Il reviendra. Quelle belle vie en Australie !

1er octobre

promenade au bois

C'est un beau jour, le premier du mois d'octobre. Aliette décide bien sûr, de faire un tour dans la forêt d'automne. Elle prend son petit panier d'osier, met un gilet de laine et une écharpe chaude. Elle s'en va à pas rapides vers le bois doré.

Quel enchantement ! Les feuilles des arbres sont rouges et jaunes. Elles tombent sur le sol en un beau tapis craquant sous les pas... C'est drôle. Cela fait « crac, crac ».

Devant elle, à quelques pas, sort de son terrier un petit lapin gris. Il a de longues oreilles et il traverse le sentier à toute allure. La fillette est médusée. Elle voit subitement un écureuil qui descend de son chêne. Il voudrait, semble-t-il, jouer à cache-cache avec elle. Malheureusement, il disparaît comme par magie quand elle s'approche de lui.

Des champignons surgissent un peu partout : à droite, à gauche. Ils ne sont pas tous comestibles. Ils sont pourtant bien jolis : pointus, ronds, gros ; minces, rouges, jaunes, verts, marrons. Que de richesses dans cette forêt automnale ! Aliette enchantée écoute le merle siffler une mélodie.

Avec l'automne et le vent
Promenons-nous gaiement
Dans ce bois charmant.

2 octobre

la belle demeure

Sur une colline se trouve un château abandonné. Il est presque en ruines.

Grand Cerf décide de l'habiter.

— Ce sera bien pour l'hiver, dit le rat des champs, ravi.

Les hiboux, les fauvettes, les mésanges sont du même avis.

On s'installe. Les araignées enfilent sans cesse des aiguilles.

Les tisserins travaillent beaucoup et sont bien las.

L'hiver arrive. Le vent est étonné de ne pouvoir souffler à son aise.

Il appelle la neige à son aide.
Elle vient, elle fond sur le toit.
Les animaux rient. Ils sont bien.
L'hiver s'en va, la neige le suit.
Un printemps s'installe, tout neuf.
Les oiseaux font leurs nids.
La belle demeure !
La belle vie !

3 octobre

Mélanie la vaniteuse

Depuis qu'elle avait servi de modèle à un jeune peintre, Mélanie, jeune porcelet dodu, âgée de quelques semaines, était devenue d'une vanité extrême.

— Vous verrez mon portrait dans un musée, disait-elle cent fois par jour, à ses frères excédés.

Tous les soirs, elle enroulait sa jolie queue rose sur un bigoudi géant, et ne s'endormait qu'après avoir poli ses sabots, et bien lissé ses soies roses.

Un jour, elle vit sur le marché, son portrait à l'étal de la charcuterie, exposant à tous son corps bien rebondi : "Au gras cochon de lait", spécialité maison.

Mélanie s'enfuit poursuivie par les quolibets.

Elle fut désormais d'une tout autre humeur, pour la plus grande joie de ses frères.

4 octobre

Marmousette

— Marmousette a mauvaise mine, dit maman, envoyons-la chez l'oncle Henri.

Marmousette est ravie.

Elle court après les chevreaux, cherche des têtards dans la mare, grimpe sur l'âne qui trotte dans le pré.

— Tiens, petite, dit l'oncle Henri, voici un cadeau.

— Oh! un beau petit renard vivant!

— J'ai blessé la renarde, qui s'est sauvée.

Le renardeau s'apprivoise.

Mais, peu à peu, Renardeau s'aventure plus près du bois.

— Que cherches-tu, mon renardeau?

Le petit renard frotte sa tête contre Marmousette, puis court joyeusement.

Au bord de la clairière, la renarde flaire le vent et dresse la tête :

— Ah! te voilà enfin, mon joli renardeau!

5 octobre

les cacahuètes

— Francine mange ta viande, Francine mange ton potage, Francine veux-tu manger ton pain !

C'est ainsi que grondait sans cesse la maman de Francine, une jolie petite fille rousse aux longs cheveux bouclés. Mais Francine faisait la sourde oreille.

— Pourquoi mangerais-je de la viande et de la soupe, se disait-elle. Pouah ! ce n'est pas bon. Je préfère les cacahuètes, les bonbons et les gâteaux salés.

Comme vous le constatez, Francine était une petite fille capricieuse. Vous allez voir comment elle fut punie de ce gros défaut.

Un matin, ayant une fois de plus boudé son petit déjeuner, Francine eut faim vers dix heures. Maman étant partie au marché, elle se mit à chercher un peu partout dans la cuisine quelque chose à grignoter.

En ouvrant un placard, une grosse boîte de cacahuètes se trouva sous son nez. Quelle aubaine ! Notre petite gourmande se mit à dévorer en quelques minutes une grande partie de la boîte.

Lorsqu'arriva l'heure du déjeuner elle n'avait plus faim. Maman la gronda. Dans l'après-midi Francine devint toute pâle.

— J'ai mal à la tête et au ventre, disait-elle.

Maman, très inquiète, prit sa température et fit venir le docteur.

— C'est une très forte indigestion, madame, dit-il.

Quelques jours après, lorsqu'elle se sentit un peu mieux, Francine, honteuse, avoua sa faute à Maman et lui promit de ne jamais plus recommencer.

6 octobre

Lœtitia et Sabine

Lœtitia est brune aux yeux noirs. Sabine, blonde aux yeux bleus. On ne les voit jamais l'une sans l'autre. A l'école elles sont encore ensemble.

Mais, une vilaine gamine ne se moque-t-elle pas de Lœtitia, qu'elle appelle : la Chinoise...

Sabine prend alors conscience de leurs différences, et grande et forte, promet de rosser la première qui se moquera de son amie.

Mais, quelle n'est pas sa joie le lendemain lorsque Lœtitia lui offre un superbe kimono brodé, soyeux.

— Le froid est arrivé. Tu auras bien chaud la nuit, dit son amie, toujours délicate.

7 octobre

le petit facteur

— Je suis le facteur, dit Christian.

Il met un képi sur ses cheveux blonds, prend une gibecière qu'il remplit de feuilles mortes ramassées dans la forêt, et commence sa distribution.

— C'est pour vous, monsieur le Hibou...

— Hou hou ! dit le hibou en lisant une feuille d'érable, je suis très content.

— C'est pour vous madame la Belette, dit Christian en donnant une feuille de chêne à peine jaunie.

— C'est très important, dit la Belette, je suis invitée au mariage de ma cousine la Taupe.

Christian, à bicyclette sur le sentier de la forêt distribue son courrier aux oiseaux, aux écureuils, aux castors.

— J'espère, dit-il enfin, que ce sont de bonnes nouvelles.

— Excellentes, répondent en chœur les animaux des bois.

Tout autour d'un tas de feuilles mortes, où le père de l'enfant a mis le feu, chaque animal s'entretient avec animation des nouvelles reçues.

Christian est très fier de lui. Il pense qu'une fois grand il sera facteur. C'est tellement agréable de rendre les gens heureux !

8 octobre

Gilou et l'oiseau

Gilou est heureux : il va à l'école!
— Cui-cui-cui! Un oisillon vole sur l'herbe.
Gilou le prend :
— Viens, petit oiseau, viens!
— Vite, Gilou, dit Mademoiselle, tes camarades sont en rang.
— J'ai un petit oiseau!
Les enfants chuchotent :
— Il est petit! il est ébouriffé!
On va lui faire un nid. Voici des feuilles mortes, trois plumes douces, un beau ruban vert! Le moineau ne manque ni de graines, ni de miettes de pain, ni de caresses.
Un clair matin, il chante, cui-cui, et s'envole par la fenêtre ouverte.

9 octobre

un hardi explorateur

Jean-Claude est le premier en géographie. Il répond toujours brillamment au professeur. Pierre, son ami, lui demande :
— D'où te vient ce goût pour cette matière ?
— De mon frère, Jacques. Il est formidable ! Il est étudiant et très curieux de tout ce qui se passe dans le monde. Chaque année, il entreprend un grand voyage à l'étranger, parfois à des milliers de kilomètres de la maison. C'est ainsi qu'il est allé en Afrique aider les noirs à défricher leurs terres, en Inde, au Mexique. A son retour, il me raconte toutes ses aventures avec de nombreux détails, et me montre les photos qu'il a prises. Je n'ai qu'une envie, c'est de devenir un explorateur et de découvrir des contrées inconnues. C'est pour cela que j'étudie bien la géographie. Je peux passer des journées entières à rêver devant une mappemonde...

10 octobre

la mère-aux-herbes

La mère-aux-herbes habite, seule, une chaumière au milieu du bois.

Dès le matin, dans la rosée, elle cueille les herbes qui guérissent, les fleurs et les graines.

— Toc! Toc! Toc!

— Entre donc, répond la mère-aux-herbes. Ah! C'est toi, lièvre roux, que veux-tu?

— Renardeau a une angine.

— Emporte ceci : tisane et cataplasme.

— Merci, mère-aux-herbes, merci! Toutes les bêtes des bois l'aiment.

Une nuit de tempête, le vent terrible emporte le toit de la chaumière.

La pie et le geai crient à tous les échos :

— Venez vite chez la mère-aux-herbes!

Toutes les bêtes accourent.

L'ours scie des planches, le sanglier les rabote, le renard enfonce des pointes, la biche rassemble le chaume sec. Ce soir-là, la mère-aux-herbes, ravie, dort dans une chaumière presque neuve à la joie des lapins, des lièvres et de toutes les bêtes du bois.

11 octobre

bal costumé

Toute la petite bourgade se moque de Gaston. Son prénom est tellement drôle! De plus, il est rond comme une boule, et ses joues colorées lui ont valu le surnom de « pomme ».

Un bal costumé a lieu.

Les enfants doivent se déguiser en tenues symbolisant l'automne. Un prix sera décerné. Jacqueline a un très bel ensemble « feuilles mortes ». Francis revêt l'uniforme d'un garde-chasse. Quant à Julien, c'est le braconnier. Oh stupeur! lorsqu'à son tour, Gaston fait son entrée dans la salle, un rire général secoue l'assemblée. Enfants et jury s'enthousiasment : Gaston est déguisé en pomme! et son costume est très réussi. On ne peut que lui donner le premier prix!

12 octobre

un canard gourmand

Coin-Coin est si gourmand qu'il lui arrive parfois de graves mésaventures.

Ce matin, après avoir mangé une bonne portion de pâtée, il a raflé, avec son large bec, le grain destiné aux poules. Puis, il a barboté dans la mare à la recherche de quelques vers. Et Coin-Coin n'est pas rassasié !

Il cherche encore de quoi manger, lorsqu'il aperçoit une grosse limace qui se glisse dans une vieille boîte de conserve.

Vite, il enfile sa tête dans l'étroite boîte et attrape la limace. Quel régal ! Mais, horreur ! sa tête est maintenant coincée. Il s'agite, se débat, afin de se libérer, en vain !

Les poules, affolées, se sauvent bien vite !

Seul, Bob, le vieux chien a pitié et le délivre, non sans se moquer de lui :

— Ah ! tu étais joli, ainsi coiffé ! Quelle histoire !

13 octobre

le vieux pommier

Dans un champ, il y a de beaux pommiers avec des fruits rouges et dorés.

Un pommier est vieux et tordu. Il va mourir.

Il est triste, les oiseaux ne viennent plus le voir.

Un matin d'octobre un rouge-gorge se pose sur ses branches. Il est fatigué

Il mange une pomme et dit à l'arbre qu'il a des fruits délicieux.

Le pommier pleure de joie et ses larmes font une carapace dorée sur son tronc.

Le soleil vient voir ce joli miroir. Il réchauffe le tronc. Une sève nouvelle se met à couler en lui. Ses forces lui reviennent.

Les pommes grossissent. Elles sont superbes, toutes rouges.

Le rouge-gorge est heureux. Il chante à gosier déployé.

Il habite désormais dans le pommier. Sa famille est venue le rejoindre.

C'est le plus bel automne du vieux pommier.

14 octobre

l'oiseau blessé

L'automne est arrivé. Déjà les arbres sont roux et les feuilles mortes commencent à joncher le sol.

Philippe a trouvé un moyen de gagner quelques sous.

Il enlève les feuilles répandues dans le jardin de la coquette petite maison de Madame Irma, sa voisine, dame âgée, de bon sens. Soudain, il découvre dans un recoin, un petit oiseau blessé et transi.
Philippe craint pour la vie de l'animal, le soigne et le nourrit patiemment. Et, sa plus grande joie est de le voir, une fois guéri, s'envoler pour rejoindre ses frères. « Le plus beau chemin, c'est celui de la liberté ! » a affirmé Madame Irma.

15 octobre

Grenouillette

Sur une feuille de nénuphar posée sur le lac, vit Grenouillette.

Aujourd'hui, la petite grenouille a décidé d'explorer le bois.

Elle fait des bonds !

Elle voit le renard, ramasse une boule de châtaigne piquante, la lui lance.

Renard s'enfuit, en colère.

Grenouillette salue le hibou.

La belette ne veut pas jouer. Elle a mal à la patte.

Grenouillette fait du bateau avec son ami l'écureuil.

L'écureuil tombe à l'eau. Plouf !

Le castor arrive à point pour le repêcher.

Lapin Gris dévore une salade dans un jardin abandonné.

Grenouillette déguste des moustiques.

Voilà la nuit !

— Rentrez chez vous, dit Fouine.

Grenouillette saute sur une grande feuille de nénuphar et s'endort.

Quelle belle journée d'automne !

16 octobre

le petit cheval roux

Le père Mathieu était si fatigué qu'il décida :

— C'est fini. Plus de foire avec les chevaux de bois. Je les vendrai au printemps.

Alors, il enferma dans une remise poussiéreuse les bêtes qui rêvaient de lumière et de vent.

Mais le petit cheval roux dit :

— Vache blanche, donne un coup de corne sur mon lien.

La vache obéit. Cheval roux la remercia et sortit.

Il était fou de joie et se grisa de soleil et de vent. Il traversa des champs, bondit sur des collines à la poursuite des nuages, suivit des chemins d'herbe verte et caracola dans la forêt sur un tapis d'or et de soie...

Que c'était bon la liberté!

Mais l'hiver vint avec le froid, la neige et la faim.

Une fumée bleue monta à travers les branches.

C'était le bûcheron qui faisait du feu.

Il plaça une botte de foin sur le sentier.

Le petit cheval roux sentit l'herbe sèche et parfumée.

— Viens, dit le bûcheron. Je te donnerai du foin et toi, tu me raconteras la joie des courses endiablées.

Le petit cheval roux s'approcha et dit :

— Je serai ton ami.

17 octobre

le petit peintre des bois

Le petit Jacques va souvent dans la forêt pour la peindre.

Il a beaucoup de talent. Aujourd'hui, il peint la forêt d'automne; un arbre tout rouge, un autre tout jaune.

Le castor vient admirer son travail.

— C'est ton plus beau tableau ! dit-il, en connaisseur.

Jacques reproduit les feuilles par terre, sur le chemin. Il les fait rouge et marron. Il peint ensuite un tas de feuilles sèches en train de brûler.

Comme c'est joli ! Les flammes sont grandes, jaunes, bleues, rouges, même un peu vertes par endroits.

— Magnifique ! disent les écureuils.

Jacques rentre chez lui et accroche l'ouvrage dans sa galerie de peinture.

Comme chaque fois, les animaux des bois viennent admirer le travail du peintre. Le cerf le félicite chaudement.

Jacques est très fier. Ses parents pensent que plus tard, il sera célèbre.

18 octobre

joyeux anniversaire !

Pour les huit ans de Maryse, ses petites amies ont décidé de lui faire un gâteau. Henriette, Frédérique et Claude s'en vont chercher des châtaignes dans la forêt.

Il y en a beaucoup. On n'a qu'à se baisser pour les ramasser.

De retour chez elles, les petites filles décortiquent les châtaignes, les font cuire dans l'eau bouillante. Ensuite, elles préparent une purée, mettent du lait, du sucre, des œufs, et font cuire le gâteau.

Une fois qu'il est cuit, elles le décorent de huit bougies.

Elles appellent Maryse.

— Viens! c'est pour toi. Joyeux anniversaire!

— Que je suis contente! dit Maryse, émerveillée.

Elle embrasse ses trois amies.

19 octobre

un drôle d'ours

Kili est un gros ours qui vit dans un cirque. Il aime beaucoup le miel.

Tous les jours, on lui en donne un grand pot.

Un jour, Kili ne peut avoir son miel. Il refuse de travailler.

L'ami de Kili, le plus jeune enfant du cirque lui offre de la mélasse, du sucre, de la confiture.

En vain.

L'Afrique, heureusement, possède des savanes où il y a des arbres avec des abeilles.

L'éléphant conduit Kili dans un endroit où il y a des gâteaux de cire pleins de miel sauvage.

Kili fait fuir les abeilles, qui ne sont pas contentes. Il se régale.

Il revient au cirque.

Il se remet à travailler, à la plus grande joie du dompteur et du petit garçon du cirque.

Le soir, la représentation est très réussie. Kili est très applaudi.

20 octobre

noix et noisettes

A l'approche de l'automne, maman Ecureuil enseigne à ses enfants l'art de cueillir les noix et les noisettes mûres, afin d'en faire provision pour l'hiver.

— Cherchez des cachettes sûres au creux des grands arbres morts et tapissez-les de mousse et de feuilles!

Snouky, le plùs petit et le plus vif de ses enfants, s'empresse de suivre son conseil. Allant deçà delà, transportant glands et noix rebondis, au fond d'abris profonds. Hélas, Snouky oublie le chemin conduisant à la cachette. Le soir venu, il est en larmes.

— Qu'as-tu à pleurer ainsi? questionne le hibou, de sa belle voix grave.

— Oh! gémit le petit écureuil, éploré. Tout le jour, j'ai transporté mes provisions d'hiver dans de nombreux endroits. J'ai tant parcouru le bois que je ne sais retrouver mon chemin, jusqu'à mes cachettes.

— J'ai suivi tes voyages du haut de ce chêne. Nous allons retrouver ensemble tes réserves. Dorénavant, marque légèrement d'un coup de dents l'arbre que tu as choisi.

21 octobre

feuille d'automne

Jolie feuille, toi si légère,
Pourquoi veux-tu déjà nous quitter ?
Es-tu satisfaite d'une vie éphémère,
Pour vouloir déjà t'envoler ?
Mais nous n'avons pas de chagrin,
Car ta robe est magnifique, si rousse.
Et puis, au printemps prochain,
Tu feras encore lever nos frimousses.

22 octobre

Mitzi et Kazan

C'était un renardeau, perdu dans le maquis.

Sans doute, serait-il mort de faim sous les genêts dorés comme son pelage, engourdi par les parfums de la montagne...

Mais Barthélémy, le garde-chasse, passa par là, trouva le renardeau, le mit sous son gilet et le rapporta tremblant à Dominique, sa petite-fille.

Elle l'éleva au biberon et l'appela Kazan.

Si Dominique fut heureuse de ce nouvel ami, Mitzi, la chienne, bouda l'intrus.

Kazan grandit en taille, en gentillesse et, lorsque sa maîtresse le promenait, il portait collier et laisse.

Un jour, Mitzi devint mère de famille de cinq chiots adorables.

Seule pour les élever, comment se faire obéir ?

Kazan offrit ses services comme père adoptif.

Mitzi accepta car Kazan se montra fort compétent et les cinq chiots furent très heureux.

23 octobre

la famille Rosie

Madame Rosie, la truie, a promis à ses quatre cochonnets, de les emmener faire un beau voyage.

A la gare, il y a cinq gros wagons précédés d'une énorme locomotive. Les cochonnets ont quelques difficultés à monter dans le compartiment. Assises en face d'eux, deux vieilles dames ne paraissent pas apprécier la compagnie de nos amis.

Sur le quai, le chef de gare agite un drapeau rouge. En route!

Les deux vieilles dames s'endorment. La maman des cochonnets les imite.

Les petits cochons eux, ne dorment pas.

L'un deux aperçoit le panier des vieilles dames plein de gâteaux. Les délicieuses tartes sont aussitôt mangées. Un grosse voix s'écrie : "terminus , tout le monde descend". L'une des vieilles dames reprend son panier et pousse un cri : il est vide. Maman Rosie comprend et se hâte de quitter le wagon, suivie de ses quatre gourmands.

24 octobre

le dernier renardeau

Pan! Pan! Pan! Ouaf! Ouaf! Ouaf!
— J'ai touché les vieux renards.
Pierre va dénicher les renardeaux!
Il les nourrit au biberon.
— Papa, on les gardera toujours?
— Non. Je les vendrai au zoo.

Dans la forêt silencieuse, la grande louve demande :

— Où est le dernier renardeau?

— Le voilà! annonce le geai. Il est caché dans un tronc d'arbre!

— Viens, renardeau, propose la louve. Tu joueras avec mes petits.

Le renardeau affamé tète le lait de la louve.

Les petits loups et le renardeau s'endorment contre la mère louve qui les regarde avec amour.

25 octobre

Badaboum s'ennuie

Maman Ourse était de fort mauvaise humeur en ce matin d'automne, car Badaboum, son fils, ne cessait de faire des sottises.

En se précipitant sur son déjeuner, il avait renversé le bon lait crémeux sur lui. Maman avait dû nettoyer sa douce fourrure, puis la cuisine.

Lorsque tout fut à nouveau en ordre, Badaboum découvrit une abeille et se mit en tête de la poursuivre. Mais poursuivre une abeille n'est pas une chose aisée et Badaboum bousculait tout sur son passage.

Bientôt, la maison fut transformée en un vaste champ dc bataille.

Maman Ourse, impuissante, levait les bras au ciel.

Excédée, le lendemain matin, elle conduisit Badaboum à l'école. Enfin, elle allait être tranquille !

Le pauvre ourson fit triste mine, mais maman tint bon. D'ailleurs, Badaboum devait apprendre à lire et à écrire.

La journée s'écoula paisiblement.

L'heure de la sortie sonna et un joyeux groupe apparut sur le chemin.

Badaboum avait trouvé des amis, jamais plus il ne s'ennuierait.

26 octobre

le hérisson

— Regarde ce que je t'ai apporté ! dit papa à son fils Pascal, en déposant sur le sol une grosse boule sombre, pleine de piquants.

— Qu'est-ce que c'est ? questionne Pascal, apeuré.

— Devine ?... Un hérisson ! Ce petit animal n'est pas méchant, mais on ne peut le caresser sans risquer de se piquer les doigts.

Au bout d'un moment, la boule s'aplatit et un fin museau apparaît.

— Comme il est drôle ! rit Pascal. Puis-je jouer avec lui ?

— Non, répond papa, il faut d'abord qu'il s'habitue à la maison. Au printemps, il sera très utile dans le jardin pour chasser escargots, limaces et hannetons.

Ainsi, j'aurai de beaux radis et de belles salades !

27 octobre

Cécile et Pataud

— Viens, dit Cécile à son chien, nous allons dans la forêt.

Pataud aboie de joie en remuant la queue.

— Jouons à cache-cache propose Cécile, car il ne fait pas chaud.

Derrière les troncs d'arbres recouverts de neige, Cécile se cache. Pataud la cherche. Il flaire "sniff, sniff. Ouah ouah ! te voilà Cécile".

— A moi dit Cécile...

Elle cherche Pataud qui s'est bien caché dans un fourré.

Soudain le chien aboie. Il vient de trouver dans le fourré un petit canard au col vert qui a l'air transi...

— Ramenons-le vite à la ferme, dit Cécile.

La maman soigne le petit canard. Il va mieux, il est tout heureux de vivre maintenant au milieu de la basse-cour qui lui fait fête.

28 octobre

la dernière rose

Dans le jardin où la gelée n'est pas encore passée, le rosier cisèle sa dernière rose.

— Prends garde, dit la violette cachée sous sa feuille, l'hiver est malicieux, s'il arrive, il te causera grand dommage.

— Il ne viendra plus, dit le rosier, déjà, j'ai vu le papillon déplier ses ailes.

Et l'audacieux fleurit sa rose.

Au petit jour, il repassait la collerette lorsque soudain une cuirasse glacée lui tomba sur les épaules,
gelant le cœur de sa rose rose.

Le coquin d'Hiver venait d'arriver.

Bon prince, il eut pitié
et orna le rosier d'une guirlande
[argentée.

Puis, de la rose fanée,
il endiamanta le cœur.

Alors, tout le jardin s'émerveilla
[de cette splendeur...

29 octobre

toc! toc! toc!

Trois beaux œufs blancs reposent sur la paille.

Tout à coup, on entend dans un œuf des coups secs : toc ! toc ! toc ! Et alors, plof ! un bec, des pattes, une boule de duvet jaune brisent la coquille et sortent de l'œuf. C'est le premier poussin qui vient de naître.

Et puis, de nouveau, on entend des coups secs dans le deuxième œuf... et un deuxième poussin en sort.

Enfin, des coups retentissent encore dans le troisième œuf, et il en sort un troisième poussin.

Trois jolis poussins vêtus de duvet d'or, qui vont et viennent, tout étonnés de découvrir tant de choses nouvelles. Maman poule s'agite autour d'eux, heureuse et fière parce que ses poussins sont beaux.

30 octobre

charade

MON PREMIER
Se trouve chez le pâtissier,
Ou dans le potager.

MON SECOND
Se voit dans un beau jardin.

MON TOUT
Est un légume rond comme un ballon.

SOLUTION : Chou, fleur, chou-fleur.

31 octobre

tante Odile

Tante Odile est une vieille demoiselle, très bavarde, un peu ridicule, dont les enfants se moquent toujours. Pourtant, elle ne fait que maugréer un peu lorsqu'ils ne sont pas sages, et ses poches contiennent toujours friandises et bonbons.

Elle s'est acheté un nouveau chapeau, tout jaune, avec des cerises bien rouges, pour annoncer la venue du printemps. Rapidement, Joël imagine un tour : remplacer les cerises par de vrais fruits. Aussitôt dit, aussitôt fait ! Tante Odile ne s'est aperçue de rien. Les enfants pensent la retrouver le lendemain, furieuse, mais quelle n'est pas leur confusion, lorsque, d'une voix adoucie par l'émotion, les prenant à l'écart, elle leur confie :

— Vous savez, je n'ai pas eu la chance d'avoir des enfants. Je vous considère un peu comme les miens. Je vous en prie, ne soyez pas méchants, ne vous moquez pas ainsi. Vous m'avez fait de la peine, pour rien.

Joël, tout penaud, promet :

— Nous ne recommencerons plus jamais. Nous t'offrirons un nouveau chapeau.

1er novembre

les joies de l'hiver

— Quand vient l'hiver, dit Eric le sportif, comme c'est amusant de patiner sur l'étang gelé!

Lorsque la neige est suffisamment épaisse sur la colline, nous faisons du ski. L'an dernier, nous avions construit une luge. Le vent froid nous sifflait aux oreilles, lorsque nous dévalions la pente. Suzy et Marc nous attaquaient à grands coups de boules de neige qui s'écrasaient sur nos épais bonnets de fourrure. Dick, le grand chien de berger, se roulait de joie en aboyant dans la neige.

Parfois, nous lui permettions de faire un tour de luge avec nous. Comme c'était amusant, ses oreilles se dressaient toutes droites et sa truffe frémissait de plaisir lorsque nous prenions de la vitesse!

Au retour, nous buvions de grands bols de chocolat bouillant et faisions griller de beaux marrons craquants entre nos doigts engourdis.

Vive l'hiver, petits amis!

2 novembre

Maître Renard a faim

Il fait très froid et les flocons de neige tombent drus sur la forêt. Chacun se pelotonne au plus profond de sa demeure, dans l'attente de jours meilleurs.

Seul Maître Renard montre le bout de son nez : il a grand faim !

Ses petits yeux vifs scrutent le moindre talus : rien à l'horizon.

Il faut sortir. Il avance une patte, puis deux et laisse de jolies traces sur la neige immaculée.

— Brr ! Brr ! qu'il fait froid !

Soudain deux longues oreilles pointues se dressent au loin.

— Pauvre petit lapin, cache-toi vite, tu vas te faire dévorer !

Le renard est tout près de sa proie. "Mmmm! le déjeuner sera succulent", pense-t-il en se pourléchant à l'avance les babines et en rêvassant.

Les précieuses minutes perdues sont salutaires au lapereau et Maître Renard doit rentrer chez lui, l'estomac creux.

Tant pis pour lui !

3 novembre

sortie nocturne

Les enfants ont joué dans la neige, tout le jour. Ils ont fait des batailles de boules de neige, et construit un immense bonhomme. Oncle Georges a donné son vieux chapeau, l'une de ses pipes, et le bonhomme a fière allure!

— Marc, au lit! ordonne maman, le repas du soir terminé.

Le gamin se couche mais ne dort pas. Il songe au bonhomme seul dans le noir, qui doit avoir froid. Que faire?

Brusquement, lui vient une idée : à tâtons, il sort de son lit, emprunte le vieux pardessus de son père, ainsi qu'un foulard de pure laine, et s'en va vêtir le bonhomme. Ainsi, il aura bien chaud! Et l'enfant s'endort, rassuré, dans sa chambrette.

5 novembre

le petit malade

Paul est malade, la fièvre agite son corps. Il est seul et s'ennuie. Dehors, le temps est froid, mais il entend les cris joyeux des enfants qui jouent.

Soudain, une voix timide demande dans la pièce voisine : « Paul va-t-il mieux, madame ? », et la porte s'entrouvre, livrant passage à Rosalie, que, hier encore, Paul méprisait et persécutait. Le petit malade a honte et offre à la gentille fillette un beau livre, en témoignage de sa reconnaissance et de son amitié nouvelle.

4 novembre

l'âne Fripon

— Non, non, décide l'âne Fripon, pas question de rester enfermé tout l'hiver dans l'étable !

— Tu as raison, âne Fripon, répond le cheval Brun. A nous la montagne et les sports d'hiver !

— Emportons nos bonnets rouges, nos écharpes et nos gants de laine, recommande Roussette la vache.

Le lendemain, de bon matin, sur les pistes de ski, le cheval, l'âne et la vache font des glissades dans la neige poudreuse, des remontées en téléski, des descentes vertigineuses...

— Quand je pense, dit l'âne Fripon, que j'ai failli rester dans l'étable à dormir, au lieu de partager avec vous les joies de la neige et de la montagne !

6 novembre

la surprise des oiseaux

— Olivier! tu vas tomber!
— Oh! la! Oh! la! ma jambe!
— Papa, maman, Olivier s'est blessé!

Papa transporte Olivier dans ses bras.

Maman le couche dans son lit.

Le docteur dit à Olivier :

— Je fais un plâtre sur la fracture. Trois semaines au lit, mon garçon!

Les oiseaux se rassemblent dans la haie :

— Il m'a donné des miettes l'hiver.
— Il m'a versé de l'eau tout l'été.
— Il a protégé mon nid du chat.

Les oiseaux volent dans la chambre, portant des brindilles, des racines, un flocon de laine, des plumes, de la mousse et du crin.

Ils construisent un nid.

— Je pondrai ici tous mes œufs, dit la mésange. Es-tu content, Olivier?
— Oh! oui, merci, merci, mes amis.

7 novembre

Patsy, moniteur de ski

Patsy, le petit ourson, était bien content à l'arrivée de l'hiver. Son gros manteau de fourrure allait enfin lui servir et surtout, il retrouvait ses amis, venus de la ville pour skier avec lui.

Patsy était un véritable champion de ski. Il descendait les pistes à des allures folles, et zigzaguait entre les sapins. Pendant l'hiver, Patsy devenait moniteur de ski.

Ses élèves n'étaient pas très doués. Souvent, ils arrivaient en bas des pentes sous forme de boule de neige.

L'un d'eux s'était même tordu une cheville. Patsy l'avait descendu chez le médecin du village, sur un drôle de traîneau. Ce n'était pas grave, une semaine plus tard, Patsy retrouvait son ami sur les pistes.

A la fin de l'hiver, tous les élèves de Patsy étaient devenus d'excellents skieurs. L'année prochaine, ils pourraient faire la course avec Patsy.

8 novembre

comptine

J'aime l'hiver et ses gelées
Et les arbres de blanc poudrés.

Aussi la pluie qui tombe à seaux,
Quand près du feu je suis au chaud.

Les marrons chauds brûlent mes doigts,
Mes joues sont rougies par le froid.

Lorsque je glisse sur le grand lac,
La bise siffle fort sur la glace.

9 novembre

la boîte de chocolats

Pour la fête de maman, Martine garde un beau billet donné par papa.

Martine achète une boîte de chocolats.

Elle la cache dans le tiroir aux tricots.

Le soir, Martine a trop envie de voir son cadeau et goûte le premier chocolat. Impossible de dormir!

Qu'y a-t-il donc sous le papier d'argent?

Martine se lève, engloutit deux chocolats!

— Oh! j'ai oublié de bien les goûter!

Encore un! Lumière éteinte, Martine avale trois chocolats fondants et puis... l'autre et le petit-là encore et le... dernier enfin.

Le lendemain, Martine est malade.

— Tu ferais mieux d'aller au lit!

— Ta fille a avalé trop de chocolats, dit papa.

La vilaine gourmande qui n'a plus rien à offrir, pleure en secret dans son lit.

10 novembre

le petit poète

— Je n'aime pas l'hiver, dit Madame Gilet, les yeux clos. Il fait froid, on attrape des engelures, des grippes. Quelle vilaine saison!

— Bah! on est bien à la maison avec son journal, une bonne pipe, une tasse de café devant soi, affirme le père de Frank, installé dans un fauteuil.

Frank n'est pas d'accord. Il attend avec impatience les premières neiges, les bonshommes, les glissades... C'est si beau lorsque toute la campagne, les maisons sont recouvertes de l'épais manteau blanc! et il s'efforce de démontrer à ses parents les charmes de la saison.

— Nous avons un vrai poète! Tu nous as convaincus, s'exclame sa mère, mais oui! tu as raison, Frank il faut savoir trouver la beauté en toute chose!

11 novembre

gentil grillon

Gentil grillon
Sorti de ta prison,
Gentil grillon
Chante dans ma maison

Dans le bois mouillé,
Les feuilles rouillées,
Au vent arrachées,
S'envolent blessées.

Dans le bois fleuri
Chantent tous les nids,
Dans le bois fleuri,
Dansons ma jolie.

Dans le bois d'hiver,
Dans le bois désert,
Dans le bois glacé,
Rôde un loup pelé, triste et affamé.

12 novembre

le jeu d'ombres

La pluie coule sur les carreaux. Désœuvrés, les enfants ont épuisé leurs jeux coutumiers.

— Que faire, maintenant? A quoi jouer?

Alors, Serge a une idée : comme il l'a vu à la télévision, il va faire des jeux d'ombres chinoises sur le mur et créer des aventures avec ses doigts qui deviendront des personnages.

Ainsi se prépare un spectacle peu commun pour le soir.

13 novembre

chien et chat

— Le chien est le meilleur ami de l'homme. Il est fidèle et affectueux, dit souvent Jean-François, de son inséparable compagnon, Boby. Sonia, elle, pense que les qualités de son ami Malou, un adorable chat de gouttière, ne sont pas suffisamment appréciées à la maison, et un incident va lui donner raison et fera de Malou un héros.

Un soir que maman, fatiguée, préoccupée, avait oublié d'éteindre le gaz et que la famille se trouvait réunie, à demi-assoupie devant la télévision, Malou a miaulé d'une voix plaintive et a chancelé.

On s'est alors aperçu des émanations de gaz, qui, sans le malaise de l'animal, auraient asphyxié la maisonnée. Malou a ainsi sauvé ses maîtres!

14 novembre

dans la tourmente

Ce matin, Fabrice va chercher des bûches dans la forêt.

— Dépêche-toi, lui dit sa maman. La neige va tomber.

L'enfant quitte la maison. Le papa de Fabrice est bûcheron.

Le rouge-gorge dit « bonjour » au petit garçon qui lui donne des grains de mil.

Il ramasse des bûches.

Sous une grosse branche, un lapereau transi, se cache.

Il n'a pu rejoindre son terrier qui est trop loin.

Fabrice le met dans son anorak. Il retourne chez lui, sous la neige qui tombe fort.

La maman soigne le petit lapin.

Fabrice le prend sur ses genoux.

Il lui chante une chanson.

15 novembre

les bottes bouclées

Martine est contente.

Maman lui a acheté de belles bottes en fourrure, toute bouclée.

Quelle joie de marcher dans la neige blanche !

Elles sont douces et chaudes. Martine fait de longues randonnées dans la campagne. Elle n'a jamais froid aux pieds !

16 novembre

ballet nocturne d'une trousse

Ce soir-là, le petit écolier est allé se coucher en laissant, sur la table, son devoir inachevé.

Les habitants de sa magnifique trousse rouge, vingt-quatre crayons de couleur, gomme, stylos, plumes,... décident d'oublier leurs disputes quotidiennes, et de lui réserver une surprise.

Le thème du devoir est : « une journée de vacances ».

Un étrange ballet commence.

La gomme s'active à effacer les taches. Le stylo redresse les barres des « t », met les points sur les « i », ajoute les « h » manquants.

Les couleurs ne restent pas inactives. Le bleu fait le ciel.

Le rose ourle délicatement les nuages.

Le turquoise fait de petites vagues qui sont du plus heureux effet avec le rouge de la barque.

Le jaune fait un grand soleil. Les crayons ressemblent à des marionnettes tirées par des fils invisibles.

Le jeune garçon aura une belle surprise demain.

17 novembre

un gros orage

Grignot, le petit écureil, éternue et a de la fièvre. Il a pris froid dans les flaques d'eau. Aussi sa maman lui a ordonné de rester au chaud dans son lit. Il entend ses compagnons qui se poursuivent dans les arbres. Il aimerait se mêler à leurs jeux, mais sa maman le surveille.

Soudain, le ciel devient noir. De grosses gouttes s'écrasent sur l'herbe et le tonnerre gronde. L'orage éclate avec fracas. Les petits écureuils se précipitent dans leurs maisons. Une journée bien triste, pensent-ils. Nous allons nous ennuyer jusqu'à ce soir...

— Si nous allions voir Grignot ?

Dès que la pluie cesse, les voilà chez leur ami :

— Bonjour, nous venons jouer avec toi !

Le petit malade, assis sur son lit, s'amuse avec ses compagnons, tellement qu'ils ne voient pas passer le temps.

— Nous n'avons pas perdu notre après-midi, disent les amis de Grignot en partant.

Le jeune écureuil espère que demain il sera guéri, et qu'ils joueront à nouveau ensemble dans les arbres.

18 novembre

au programme ce soir...

Mistinguette et Mistigris sont deux petits chats. Ce soir, ils donnent un spectacle à leurs amis : ils vont chanter. Doidefée, leur tante, leur a fait de beaux vêtements : pour Mistigris un pantalon blanc avec une grosse ceinture, pour Mistinguette une très belle robe bleue. Mistinguette et Mistigris attendent dans les coulisses :

— J'ai peur, dit Mistinguette.

— Moi aussi, répond Mistigris.

Les amis des deux chatons sont venus nombreux, ils attendent, un peu impatients. Mistinguette et Mistigris entrent en scène. Après avoir fait un signe de la main à leur public, ils commencent à chanter. Tout le monde écoute en silence.

— Comme ils chantent bien !

— Comme c'est joli ! A chaque chanson les spectateurs applaudissent et envoient même des fleurs sur la scène. Mistinguette et Mistigris sont très émus ; et pour remercier leurs amis, ils chantent une dernière fois et tout le monde reprend en chœur.

19 novembre

devinette

Quand vient le bel automne,
Nous sommes toutes jaunes,
Brunes, blondes ou rousses.
Et quand le vent nous pousse,
Nous voltigeons
Et nous dansons,
Toutes en rond.
Qui sommes-nous ?

Solution : Des feuilles mortes.

21 novembre

Roupilou

Il fait froid.
Sur les toits
Se forma
Le verglas.
Roupilou,
Le chaton roux,
Sur son coussin doux,
Ronronna.

20 novembre

promenade au zoo

Aujourd'hui, Patrice et Pascale sont allés avec leur maman au zoo.

Tous deux adorent les animaux et sont heureux de les voir à la télévision. Mais au zoo, c'est autre chose, on peut les toucher, leur parler et aussi leur jeter des cacahuètes.

Les singes attirent leur attention. Comme ils sont drôles, et quels petits cris perçants !

Maman Ourse aussi les amuse beaucoup, car elle est énorme et ne se déplace pas facilement. Aussi faut-il lui lancer sucre et cacahuètes avec adresse dans les pattes ou à portée de sa gueule. Comme il fait frais, les girafes et les éléphants ne sont pas sortis. Les deux enfants leur ont rendu visite à l'intérieur.

Patrice et Pascale n'ont pu voir tous les animaux, et se promettent de revenir bientôt !

22 novembre

les trois chatons

Je serai marin, c'est promis !
Miaulait bien fort un chaton gris.
En haut des mâts je grimperai,
Et l'Océan surveillerai.
Sur mon bateau, foi de matou.
Point de rat d'eau, ni de rat d'égout.

Près d'un fermier je me tiendrai,
Et dans ses champs je rôderai.
Afin que les mulots trépassent
Je leur ferai bonne chasse.
Ainsi parlait un minet fort sage,
Tout en lissant son pelage.

Moi qui aime bien la musique
A l'Opéra dans les coulisses,
Toutes les nuits je veillerai,
Rats d'Opéra, je vous croquerai.
Le chaton roux fermant les yeux,
Se voit déjà seigneur des lieux.

23 novembre

les jouets

Chaudement emmitouflé dans son manteau, le bonnet enfoncé jusqu'au cou, Pierre regarde les vitrines brillamment éclairées où s'entassent des montagnes de jouets.

Pierre aime cette saison. Il a l'impression de se promener dans un conte de fée.

24 novembre

Gudule, le griffon

Gudule le griffon dormait sous le saule. La tourterelle des bois vint vers lui.

— Ami, dit-elle, la chasse fait rage, nous avons tous peur ! Viens nous éclairer de tes conseils !

Dans la clairière, les petits animaux, en cercle autour du chef, écoutaient les recommandations de leur ami.

Quand les chasseurs suivis des chiens passèrent, pas un chant, pas une odeur...

Lassés, les chiens refusèrent de chasser et leurs maîtres... quittèrent le bois.

Alors, les oiseaux retrouvèrent leur chant. Et Gudule... fut nommé « protecteur à vie ».

25 novembre

les feuilles d'or

Une à une, les feuilles d'or tombent
Et tissent à terre un beau tapis.
Les branches dénudées s'ennuient
Et dessinent dans le ciel des ombres.
L'hiver est là avec sa froidure.
Ne soyons pas tristes, bientôt viendra Noël
Avec ses cadeaux : poupées, jeux et voitures.
Assurément, cette nuit sera la plus belle !

26 novembre

le petit champignon sans chapeau

Ce jour-là, dans la clairière, il y a un grand remue-ménage. Tino, volant d'arbre en arbre, annonce qu'un petit champignon est né sans chapeau.

— Que va-t-on faire ? se demandent les parents perplexes.

— Essayez de lui mettre ma clochette ! propose la gentille campanule ; hélas, elle est trop petite !

La marguerite pose alors sa couronne de pétales sur la tête du petit champignon, ce qui fait l'admiration de tous, mais, il ne la garde pas, car, dit-il avec un soupir : « je ne suis pas une fleur !»

Voilà qu'il se met à pleuvoir. Le petit champignon crie. Tino, trouve une demi-coque de noix et la pose sur sa tête. Elle est trop grande, et il ressemble ainsi à... un soldat ! Papa champignon ramasse alors des brins d'herbe et les met sur la tête de son fils.

— Qu'il est beau ! s'exclament tous les habitants de la clairière. Et, ils l'entourent en une ronde folle. Mais, un petit mouton qui broutait par là, observe, avec curiosité cette étrange chose couronnée d'herbe et, gourmand, la mange. C'est ainsi que le petit champignon se retrouve à nouveau nu-tête.

— Il est très bien ainsi ! dit le père. Ce sera le seul champignon sans chapeau !

27 novembre

cocorico !

Chaque matin, quand le jour va poindre, le coq de la ferme crie de toutes ses forces : « Cocorico ! » et, avec orgueil, regarde le soleil se lever à l'horizon.

— C'est moi qui ordonne au soleil de paraître ! déclare-t-il fièrement aux poules pleines d'admiration.

Mais, un jour, le malicieux Vincent, le fils de la fermière, vient, bien avant l'aube, secouer le coq encore endormi dans le poulailler.

— Il est tard, Coq, dépêche-toi de réveiller le soleil ! lui dit-il.

Tout ensommeillé, le coq se hâte de lancer ses sonores cocoricos... mais le ciel reste noir et le soleil ne paraît pas. Alors, penaud, mortifié, le coq va se cacher dans le coin le plus sombre du poulailler, tandis que les poules jacassent en se moquant de lui.

28 novembre

en famille

Toute la famille est réunie près de la cheminée : papa lit, maman coud, Louis, l'aîné des enfants, bavarde avec son frère et sa sœur.

— Moi, dit Louis, l'endroit où je préférerais être, c'est à la montagne où l'on fera bientôt du ski et du patinage.

— Moi, dit Léa, je voudrais être à Paris, pour aller au bal, au théâtre...

Gil l'interrompt en affirmant qu'il souhaiterait partir pour la lune.

— Et moi, murmure la petite Luce, je voudrais rester toujours ici, en famille.

— Tu as bien raison ! s'écrie maman, en l'embrassant tendrement.

29 novembre

le tour du monde

— Rataplan ! Rataplan ! fait Loulou en tapant de toutes ses forces sur son tambour.

— Où t'en vas-tu ainsi, Loulou ?

— Je vais faire le tour du monde !

— N'as-tu pas peur de partir tout seul, si loin de chez toi ?

— Rien ne me fait peur, à moi, répond fièrement Loulou.

Soudain, au coin de la rue, voici Patou, le chien du voisin, qui s'avance vers Loulou en aboyant d'un air menaçant. Alors, lâchant son tambour, Loulou s'enfuit et court... court... court jusque chez lui. Et voilà terminé le beau tour du monde de Loulou !

30 novembre

Paul et Virginie

Paul et Virginie se promènent dans la forêt. Leurs pas sont étouffés par la neige.

— Oh ! dit Virginie, regarde, l'étang est gelé.

— Chic ! nous allons pouvoir patiner s'écrie Paul.

Ils s'en donnent à cœur joie. Les glissades succèdent aux chutes, les rires aux cris.

Soudain, Virginie s'élance trop vite, et n'arrive pas à s'arrêter. L'arbre se rapproche à toute vitesse, et, poum ! Virginie se retrouve par terre, une énorme bosse sur le front.

Paul accourt, relève sa sœur en la réconfortant.

— Ce n'est rien ! ne pleure plus. Et il lui pose son mouchoir mouillé sur le front.

Virginie, touchée par la gentillesse de son frère, se calme.

Ils rentrent tous deux à la maison, se promettant, la prochaine fois, d'être plus prudents.

1er décembre

sur les chemins de n'importe où...

Sur les chemins de n'importe où,
J'ai déniché, près du houx,
Un vieux hibou.
Hou ! Hou !
Hou ! Hou !

Sur les chemins de n'importe où,
Très loin, très loin, dans le bois roux,
Chante un coucou.
Coucou !
Coucou !

Sur les chemins de n'importe où,
Bondit, joyeux, tout doux, tout doux,
Un petit loup.
Tout fou,
Tout fou !

2 décembre

la rencontre de Firmin

Notre chat Firmin a le poil noir et soyeux, le museau blanc, les pattes blanches et de splendides moustaches. Il a beaucoup de qualités, il est très affectueux, agile comme une panthère, mais il a un gros défaut : il est très curieux.

Vous allez connaître ses dernières mésaventures : en ce moment les nuits sont très longues, et hommes et bêtes se couchent de bonne heure sous un toit bien chaud, à l'abri de la neige et du froid.

Mais notre Firmin, lui, ne craint ni le froid ni le vent, sa curiosité le pousse à sortir le soir quand tout est calme et silencieux dans la campagne. Rien ne peut le retenir, pas même une caresse.

Et le voilà parti, bravant la bise, fouinant par-ci, flairant par-là. Tout à coup, derrière la cour de la ferme voisine, Firmin perçoit un bruit bizarre. Il s'approche, s'approche très doucement, et que voit-il? un beau renard, flairant, lui aussi, mais d'une façon plus intéressée, car ce sont les petits poussins qu'il veut dévorer.

Soudain, son attention est attirée par notre chat qui s'aperçoit, mais un peu tard, du danger.

Déjà, le renard le poursuit et veut l'attraper. Il court, il court si vite que notre pauvre Firmin s'essouffle, mais, plus malin que le renard, il grimpe dans un arbre, laissant son adversaire, tout penaud, à terre.

Au petit matin nous avons vu rentrer Firmin fourbu, se promettant sans doute de rester au chaud près du feu, pour éviter d'autres rencontres de ce genre.

3 décembre

le clown

Accroupis près du feu, autour d'un grand-père aux longues moustaches blanches, les enfants enthousiastes, font des projets d'avenir.

— Quand je serai grand, je serai général, s'exclame Hubert. Je serai un conquérant.

— Moi, je serai infirmière, dit la voix douce d'Adeline. Je soignerai tes militaires.

Alors, Pierrot, le petit diable, celui qui commet catastrophe sur catastrophe affirme :

— Moi, je serai clown. Je ferai rire les foules, je leur donnerai du bonheur!

4 décembre

devinette

Dû matin au soir et du soir au matin, deux sœurs se promènent en rond. La plus grande va très vite, la plus petite va très lentement. Sais-tu qui sont ces deux sœurs?

SOLUTION : Les deux aiguilles d'une montre.

5 décembre

le vieux jardinier

L'hiver est bien froid dans le bois.

La fauvette appelle la mésange bleue.

La mésange bleue appelle le merle.

Le merle siffle pour le geai.

Et le geai annonce à toutes les bêtes :

— Le vieux jardinier qui vit seul dans le bois est malade. Venez vite!

Le renard, le sanglier, le cerf et la biche courent à travers le bois glacé.

Le jardinier grelotte dans son lit défait.

Le sanglier fend des bûches, et un beau feu flambe dans la maisonnette.

Le renard tire de l'eau dans le puits.

La biche prépare un cataplasme. Le cerf fait des bouillottes et des tisanes.

Dans un lit moelleux, le vieux jardinier avale la tisane. Les oiseaux chantent.

— Vous serez vite guéri.

— Merci! répond le jardinier qui se sent déjà tout ragaillardi.

6 décembre

un pigeon peu sociable

Kilou le pigeon vit dans la ferme de la jeune Dominique. Il n'est pas très sociable et se moque de tous les animaux. Dominique en est désolée.

Un jour, son amie Lison lui fait cadeau d'un gros pigeon qui se nomme Carolus et sera un compagnon pour Kilou. Hélas ! Carolus est brutal et se jette dès la première rencontre sur le pauvre Kilou, le blessant sérieusement, aux pattes.

— Il n'a que ce qu'il mérite, gloussent les poules avec satisfaction.

Les lapins, plus compatissants, lui offrent deux planchettes avec de la ficelle qui lui permettront de se déplacer plus facilement.

Bientôt, les animaux de la ferme, amusés, voient le pauvre Kilou déambuler avec ses béquilles improvisées.

7 décembre

Pierre et Paul

Pierre et Paul, les jumeaux, connaissent une vieille femme, toujours vêtue de noir, à la voix fatiguée. Ils savent qu'elle est pauvre et seule au monde, et ne se plaint jamais. Son anniversaire approche et ils ont décidé d'offrir un cadeau à l'aïeule oubliée. Aussi, cette année-là, voit-elle frapper à sa porte, les deux gamins remplis de joie.

8 décembre

un hibou pas ordinaire

— Viens, dit Josiane à son ami le hibou, il a neigé cette nuit. Nous allons faire du ski.

Le hibou se perche sur l'épaule de Josiane et les voici dehors.

— Chausse tes skis, dit Josiane à l'oiseau.

Ce sont deux planchettes de bois. Le hibou met un bâton sous chacune de ses ailes.

— En avant! s'écrie Josiane...

Ils dévalent la pente enneigée.

— Oh ! là là ! pense le hibou, ça va trop vite. Hou hou !

Ça y est ! Il lâche ses deux bâtons, et donne du bec dans un tronc de sapin... Il se tâte.

— Rien de cassé. Quelle chance !

Il essaie de se remettre debout, mais ça glisse. La pente est raide. Sans le vouloir, le hibou rattrape Josiane.

— Quel champion ! s'étonne la petite fille. Bravo ! Et les bâtons ?

— Je n'en ai pas besoin, répond le hibou, je voudrais m'arrêter.

9 décembre

devinette

Dans le fond du jardin se trouve un palais. Une reine y habite avec ses nombreux enfants et des centaines de servantes. Ces servantes fabriquent une friandise délicieuse. Dis-moi quel est ce palais et qui sont es habitants?

SOLUTION : Une ruche et des abeilles.

10 décembre

Gaël au zoo

C'est un dimanche de décembre.
Gaël et sa grand-mère vont au zoo où il y a beaucoup d'animaux.
Dans une salle, voici les singes.
Gaël leur donne des cacahuètes qu'ils mangent avec appétit.
Gaël est content. Il s'amuse bien. Il s'aperçoit trop tard que grand-mère n'est plus là.
En attendant la venue du gardien, les singes lui donnent des bananes.
Le gardien arrive. L'on retrouve grand-mère.
Gaël adresse des signes d'adieu.
Il promet de revenir bientôt.
Il est très satisfait de sa visite au zoo.

11 décembre

Cricri la souris

Cricri, la petite souris, fourre son nez partout. Cela sent si bon le fromage et le chocolat!
— Attention au chat! dit maman.
Cricri s'approche tout doux...
Cricri est heureuse dans le placard. Boum! elle renverse le pot de miel. Le chat bondit.
— Aïe! Aïe! Aïe!
Cricri rentre vite au logis.

12 décembre

je voudrais

Je voudrais être une fleur
Mais elles se fanent trop vite !
Je voudrais être un fruit,
Mais ils mûrissent trop vite !
Je voudrais être un papillon,
On les épingle sur un carton !
Je voudrais être grand,
Ce n'est pas tous les jours marrant !
Alors restons enfants !

13 décembre

petit nuage

Petit nuage, toi qui vas si loin, veux-tu m'emporter sur tes ailes blanches? Tu sais, je promets de ne bouger point. Je serai si sage que j'aurai l'air d'un ange!

14 décembre

je suis...

Je suis un roi
Je suis une reine
Je suis une fée
Je suis un elfe
Je suis une libellule
Je suis un grillon
Je suis le petit chaperon rouge
Je suis le loup...
et vais te manger !

15 décembre

rêverie

Une petite fille
regardait la lune
et rêvait.
Un petit lutin
passa par là
et l'emporta
sur un fil d'or
vers l'astre brillant.

16 décembre

où est Catherine ?

— Allez, dit maman, fini les courses à Chamonix Rentrons au camp.

— Bon, tous en voiture, ajoute papa.

On arrive au camp. Papa sort les provisions. Les garçons les transportent.

Anne joue à la balle.

— Cathy ! Cathy ! où es-tu ?

— Maman, où es-tu ?

— Papa, Catherine est-elle avec toi ?

— Pierre et Jean, avez-vous vu Cathy ?

— Françoise as-tu vu ta sœur ?

— Etait-elle dans l'auto ? demande papa :

— Oh ! s'écrie Anne, on a perdu Cathy?

Elle doit être sur le trottoir à Chamonix.

Vite, papa et maman repartent en ville.

Cathy est là. Les larmes ont séché sur ses joues. Elle tient un paquet de sucettes offert par une dame.

— Oh ! Cathy a de la chance, crie Anne.

La prochaine fois, je me perdrai aussi.

17 décembre

Tom est de retour

Toute la maisonnée est en émoi, Tom le joli petit cocker, le compagnon chéri de Patrick, s'est égaré lors de la dernière promenade en forêt. Ce jeune étourdi de chien, lancé à la poursuite d'un lapereau affolé, a perdu son chemin et n'est pas revenu à l'appel de son maître. A la nuit tombée, Patrick le cœur gros dut rentrer seul au logis. Et depuis, malgré toutes les recherches, le petit chien est resté introuvable.

Les jours ont passé, le cruel hiver s'est installé, la neige tombe et la bise est glacée. Comme Tom doit souffrir, perdu dans la forêt hostile ! Patrick en perd le sommeil et l'appétit, et l'approche des fêtes de Noël n'arrive pas à le réjouir.

Soudain, Patrick entend gratter à la porte. Mais oui, c'est Tom, amaigri, hirsute, tremblant de froid. Il se jette dans les bras de son petit maître.

18 décembre

maman a la grippe

— Chut ! les enfants, dit papa, maman a la grippe. Soyez sages.

— Oui papa.

Caroline propose :

— Je vais faire le chocolat.

Sébastien frotte la vaisselle en chantant :

— Chut ! tu vas réveiller maman.

Dans son bain, Patrice joue avec des canards et a inondé la salle d'eau !

— Maman est réveillée, annonce Sébastien.

Sébastien porte la tisane, Florence le sucre, Patrice la serviette et Caroline une rose dans un verre.

— Guéris-toi vite, maman.

— Oui, mes chéris.

— Oh ! un escargot est resté dans la salade.

— Et un poussin dans l'omelette !

— Oh ! dit papa, la soupe sent bon !

— Je vais mieux, les enfants m'ont bien soignée.

— Mais, maman, c'est parce que nous t'aimons.

19 décembre

Francine la paresseuse

La petite Francine est paresseuse à la maison et à l'école.

Un matin, sa maman lui demande de préparer le repas.

— Je n'ai pas envie de le faire! répond Francine.

Les lettres s'inscrivent sur la vitre de la cuisine et deviennent un serpent à lunettes qui siffle très fort!

Ensuite, ce sont des lions et des tigres menaçants.

Francine a peur... Elle veut aider sa maman.

— Je vais le faire! dit-elle.

Les lettres deviennent des papillons, des oiseaux et des fleurs.

Les oiseaux chantent, se perchent sur les épaules de la petite fille.

20 décembre

les quatre poneys

A petits pas, à petits pas!
Mon joli poney gris,
Allons jusqu'à Paris,
A petits pas, à petits pas!

Au trot, au trot, au trot!
Mon joli poney blanc,
Allons jusqu'à Rouen,
Au trot, au trot, au trot!

Au galop, au galop, au galop!
Mon joli poney noir,
Allons jusqu'à la Loire,
Au galop, au galop, au galop!

Arrêtons-nous, arrêtons-nous!
Mon joli poney brun,
Voici enfin Autun,
Arrêtons-nous, arrêtons-nous!

21 décembre

les bonbons

Pierre monte sur la chaise.
La boîte de bonbons est tout là-haut,
Il l'attrape. Elle s'échappe.
Tous les bonbons sont par terre!
Minou et Médor se précipitent,
Il ne reste plus rien
Sauf un!
Pour Pierre.

22 décembre

le petit frère

— Hélène, je vais te dire un secret.
— Quel secret, maman?
— Tu auras bientôt un petit frère ou une petite sœur.
— Où est caché le bébé, maman?
— Ma chérie, le petit bébé, je le porte dans moi, comme je te portais quand tu étais toute petite.
— Eh bien, dit Hélène, tu es comme la maman lapin qui « couve ses petits ».
Enfin, un jour, Papa annonce :
— Hélène, viens voir ton petit frère.
Les yeux brillants de joie, Hélène s'approche du berceau :
— Oh! on dirait une poupée!
Hélène saute au cou de ses parents :
— Quelle joie, j'ai un petit frère et un beau bébé à moi!

23 décembre

le sapin de François

Le papa de François est bûcheron. Aujourd'hui, il va dans la forêt couper un sapin. C'est bientôt Noël.

François l'accompagne. Lapin blanc et Lièvre gris suivent le petit garçon. Renard Roux et Écureuil viennent à leur rencontre.

Le papa de François choisit un beau sapin. Il le coupe à l'aide d'une scie.

— Quel bruit! dit Lapin blanc, en se bouchant les oreilles.

Trois moineaux viennent au-devant de François.

— Cui! cui! que se passe-t-il?

— C'est bientôt Noël! Je vais faire un beau sapin. Je vous invite à venir chez moi ce jour-là.

Dans la grande salle, le sapin brille de tous ses feux et de ses guirlandes.

Les animaux des bois arrivent en apportant des cadeaux : des noisettes, des amandes, des noix. La pie porte même une pièce de cuivre qu'elle a dérobée à un petit garçon qui allait au marché.

Le feu pétille, les oiseaux chantent, on s'amuse, on rit, on mange bien. Noël sera joyeux.

24 décembre

un chaton fripon

Un petit chaton
Fripon,
Un petit chaton
Fanfaron,
Un beau soir de réveillon,
A sonné
Le carillon,
Pour réveiller le vallon.

Un petit chaton
Fripon,
Un petit chaton
Fanfaron,
A invité les grillons,
Les pinsons,
Les canetons,
A un repas de poissons.

Un petit chaton
Fripon,
Un petit chaton
Fanfaron,
A oublié les oursons,
Les pigeons,
Et les dindons.
Ah ! le vilain polisson !

Alors, de dessous les buissons
De chardons,
De liserons,
Sont sortis des marmitons,
Pour apporter aux oursons,
Aux pigeons,
Et aux dindons,
Des poissons aux champignons.

Un petit chaton
Fripon,
Un petit chaton
Fanfaron,
Un beau soir de réveillon,
A sonné
Le carillon
Pour réveiller le vallon.

25 décembre

le Noël de Ponpon

Le petit chat Ponpon était bien triste : Noël approchait, tous ses jeunes amis de la ferme ne faisaient que parler des cadeaux qu'ils allaient recevoir et du bel arbre plein de lumières qu'il y aurait chez eux.

Ponpon savait qu'il ne recevrait ni cadeaux, ni arbre, car il n'avait pas de parents et, ce jour-là, ses amis l'oublieraient certainement. Le pauvre irait se réfugier dans la grange où il fait froid, serait seul et pleurerait. Ce n'était pas drôle d'être un chaton orphelin, de ne pas avoir de frères ni de sœurs pour jouer, de maman pour vous cajoler et de papa pour vous raconter de belles histoires.

Le jour de Noël, tous les animaux de la ferme allaient et venaient, les bras chargés de cadeaux. Ponpon les regardaient en silence.

Il gagna la grange le cœur gros et se cacha dans le foin.

Soudain, Ponpon entendit gratter à la porte. Il alla ouvrir : c'était Glouglou, le dindon, dans son plus bel habit. Ce dernier l'invita à l'accompagner. Ponpon le suivit jusqu'au hangar. Tous les animaux de la ferme y étaient réunis. Lorsque le chaton entra, tous se mirent à chanter :

— Joyeux Noël, Ponpon !

Le chaton n'en croyait pas ses yeux, ni ses oreilles. Il pensait rêver. Devant lui se dressait un immense sapin tout illuminé, avec de vraies étoiles descendues du ciel, tout exprès pour lui, semblait-il. La lune, elle-même, perchée à la cime du sapin, lui faisait un clin d'œil. Mille guirlandes brillaient et sur chaque branche des cadeaux étaient accrochés.

A côté, sur une grande table recou-

verte d'une belle nappe blanche, des assiettes étaient pleines de chocolats et de friandises qui attendaient d'être mangés.

Les uns après les autres, les animaux de la ferme embrassèrent Pompon et lui remirent des présents, tous plus beaux les uns que les autres.

Comme il l'avait imaginé, Pompon pleura, mais de joie. Il ne savait comment remercier tous ses amis. Mais quand ceux-ci lui demandèrent de leur chanter un jolie chanson, il s'exécuta et miaula de sa plus belle voix, accompagné à l'accordéon par M. Rosy le cochon, à la flûte par Binos le lapin, et à la guitare par Pouly le petit cheval. Ils furent tous très applaudis. La fête dura toute la nuit.

Bien sûr, c'était une fête de Noël un peu tardive mais gageons que le chaton ne l'oubliera pas de sitôt.

26 décembre

Paul et grand-maman

Grand-maman semble triste. Paul n'a pas été sage pendant l'absence de ses parents : il a renversé le plat du chien, ses jouets traînent un peu partout, il s'est barbouillé de confiture en mangeant ses tartines et a sali ses beaux vêtements.

— Si je balayais la neige devant la maison, Mamie, serais-tu contente? tu sentirais moins le froid, demande-t-il, se sentant coupable et ne sachant comment faire revenir le sourire sur les lèvres de grand-maman.

Mamie s'est exclamée : "allons, ce petit garnement n'est pas si mauvais!" et sa colère s'est enfuie...

27 décembre

Niki où es-tu ?

Niki est un adorable petit chien.

Marina le cherche partout depuis ce matin. Elle a regardé sous les lits, dans les tiroirs, sous l'édredon.

— Niki, mon petit Niki, où es-tu?

— Marina, pourquoi pleures-tu?

— Niki est perdu.

— Ouah! Ouah! C'est ta fête, Marina. J'étais allé te chercher des roses.

28 décembre

Brou-Brou

Papa et maman Lapin sont ennuyés : leur petit lapin parle mal. Il ne dit pas brouette mais « brou-brouette ».

A l'école, on l'appelle : « brou-brou ».

— Écoute, petit lapin, disent papa et maman, tu verras la rééducatrice. Elle est très gentille et t'apprendra à bien parler.

Alors un jour le petit lapin a parlé si bien qu'on l'a nommé « Jeannot Lapin ».

29 décembre

Chiffonnette

— Chiffonnette, tu mettras ta robe neuve à midi, juste pour le repas. Je vais chez le coiffeur. Sois sage.

Chiffonnette est trop pressée de porter sa jolie robe fleurie. Vite, elle l'enfile, s'admire et avale un bol de chocolat...

Oh! la grosse tache! Impossible de l'enlever avec le savon!

— Tu porteras ta vieille robe. Voilà!

30 décembre

la petite fille de mauvaise humeur

Line est toujours de mauvaise humeur. Ainsi, dès que sonne son réveille-matin, elle le jette par terre en criant avec colère :

— Assez! Tais-toi ... laisse-moi dormir encore!

Quand elle prend une robe dans son armoire, elle ne manque pas de grommeler d'un ton maussade :

— Pouah! Toutes ces robes sont affreuses!

Très souvent, elle écarte si brusquement le bol plein du chocolat de son petit déjeuner, que le bol s'ébrèche en tombant et que le chocolat se répand sur le sol. Bref, Line est si désagréable que tous les objets de sa chambre ont décidé de se révolter : alors, le lendemain, le réveille-matin oublie exprès de sonner, et Line se lève si tard que sa maman la met en pénitence. Puis, par crainte d'être renversés, le bol et le chocolat se cachent dans la cave, si bien que Line doit se passer de petit déjeuner. Les robes, elles, sont allées se promener en laissant Line grelotter en chemise. Quant aux poupées et aux joujoux, ils se sont réfugiés chez les gentils enfants du voisinage.

— J'ai faim ... j'ai froid ... je m'ennuie! gémit Line.

Mais nul ne vient la consoler.

Line a compris la leçon et, dès le jour suivant, elle se montre si aimable que le réveille-matin se remet à sonner, les robes retournent dans l'armoire, le bol, le chocolat, les poupées et les jouets reparaissent et tout rentre dans l'ordre.

31 décembre

le réveillon de Madame Léa

Ce soir, c'est le 31 décembre. Dehors, il neige.

Madame Léa, personne âgée, est seule dans sa maisonnette au bout du village car elle n'a plus ni parents, ni amis.

Elle a préparé un petit souper de réveillon mais elle n'a guère envie de se mettre à table, tant elle se sent triste et délaissée.

Soudain, elle entend un bruit dans le jardin. Qui donc vient la voir en ce dernier soir de l'année ?

Curieuse, elle ouvre la porte et voit un gros chien, assis dans la neige, qui semble attendre. Il a une tête ébouriffée, de bons yeux affectueux et un air de dire :

— Mes maîtres m'ont abandonné. Je suis seul, comme vous. Si vous voulez, nous pourrions passer ensemble ce soir de réveillon.

— Tu tombes bien, gros chien, tu me tiendras compagnie et nous partagerons mon souper, lui dit Madame Léa, ravie.

Et voilà comment la vieille dame seule et le gros chien abandonné, ont fêté joyeusement ensemble cette nuit de réveillon.

Lito
41, rue de Verdun 94500 Champigny-sur-Marne
Imprimé en CEE
Loi n° 49-956 du 16 juillet 1949 sur les publications destinées à la jeunesse
Dépôt légal : septembre 1997